现代户外运动开展
的多维度探索

王 华 著

吉林大学出版社

长春

图书在版编目（ＣＩＰ）数据

现代户外运动开展的多维度探索 / 王华著. -- 长春：
吉林大学出版社，2023.5
ISBN 978-7-5768-1877-2

Ⅰ．①现… Ⅱ．①王… Ⅲ．①体育锻炼－研究 Ⅳ．①G806

中国国家版本馆 CIP 数据核字 (2023) 第 131399 号

书　　名	现代户外运动开展的多维度探索

作　　者　王　华
责任编辑　殷丽爽
装帧设计　周　远
出版发行　吉林大学出版社
社　　址　长春市人民大街 4059 号
邮政编码　130021
发行电话　0431-89580028/29/21
网　　址　http://www.jlup.com.cn
电子邮箱　jldxcbs@sina.com
印　　刷　三河市悦鑫印务有限公司
开　　本　710mm×1000mm　　1/16
印　　张　12
字　　数　205 千字
版　　次　2024 年 1 月第 1 版
印　　次　2024 年 1 月第 1 次
书　　号　ISBN 978-7-5768-1877-2
定　　价　72.00 元

前　言

　　户外运动是近年来热门的体育项目，受到了各个年龄层运动爱好者的追捧。户外运动是一种基于户外开展的运动项目，人们通过参加户外运动能够亲近大自然、放松身心。与此同时，一些户外运动，如攀岩、潜水、滑雪、徒步穿越等，还以惊险刺激、新奇冒险为特点，让参与者获得了不同以往的新奇体验。

　　近年来，随着经济的发展、人们生活水平的提高，户外运动在我国蓬勃发展，尤其在一些自然资源较为丰富的地区。促进户外运动健康有序地开展是全社会都非常关注的事情，我国也正在采取各种措施来规范户外运动的开展，并促进户外运动产业的发展。但总体而言，户外运动在我国的发展尚处于初级阶段，发展起步晚、认识不充分、行业管理不规范等问题突出。相对于国外户外运动的发展，尤其是和欧美发达国家成熟的发展管理体系相比，我国户外运动的发展还有很长的路要走。

　　本书系统地对现代户外运动开展的多维探索进行分析，共分为六章。第一章：介绍了户外运动的科学认识，第二章：阐述了户外运动的起源与历史发展，第三章：对户外运动的组织与管理进行研究分析，第四章：探讨了户外运动的风险管理，第五章：对户外运动生存技能及安全保障进行研究分析，第六章：探讨了户外运动产业发展及营销管理的问题。

　　本书在写作过程中参考了众多专家学者的研究成果，在此表示诚挚的感谢。由于时间和精力的限制，内容可能会存在疏漏之处，恳请广大读者予以指正。

王　华

2023 年 3 月

目 录

第一章　对户外运动的科学认识

第一节　户外运动的内涵及特点

一、户外运动的内涵

近几年，受中国体育产业蓬勃发展的影响，户外运动市场的发展越来越快，参与人数也越来越多。漂流、滑冰、滑雪、登山、拓展、野营等都是非常受欢迎的户外运动形式。出于商业盈利动机，经营者为了吸引顾客往往会组织一些缺乏户外运动经验的新手，在安全保障措施不到位的情况下，参与各种危险性较高的户外运动项目，从而提高了户外运动造成运动损伤的风险。

户外运动中所出现的运动风险，不但会降低民众参与户外运动的积极性，而且会导致人们对户外运动的认知出现偏差。事实上，户外运动是人类与大自然的一种交流方式，参与户外运动是一种冒险的行为方式，但并不等同于以身犯险。在户外运动中，一些冒险行为只是表面现象，并不能因此得出结论。大多数户外运动意外受伤事件都是由非专业的户外运动爱好者造成的，而他们并不能代表广大的户外运动迷。

有些学者认为，用"休闲运动""时尚运动""新兴运动"称呼户外运动，这种做法强调户外运动的休闲性，可以在某种意义上淡化户外运动的风险性。这样做虽然换了一种称呼，但是却没有改变人们传统的认知观念。只有开诚布公，深入分析户外运动的内涵，充分展示其魅力，才能帮助人们正确认识户外运动，从而为发展户外运动积累社会动力。如何树立人们对户外运动的良好认知，是当今体育事业发展的一个关键问题。

在现实生活中，很多人都会问，在篮球场上打球算不算户外运动？足球运动算不算户外运动？这些活动有两种表面意义上的户外运动包含的基本要素，即户外运动和体育活动。在表面意义的活动层面上，篮球、足球、排球、长跑等活动都是在户外进行的。但是这种情景与我们想象中的户外运动完全不同——阳光、微风、花草、雨露，和谐的大自然，不知名的危险；背包、冲锋衣、长靴，一副探索者的模样。的确，户外运动并不只是参与到户外的体育运动中，更重要的是人融入自然、体验自然的过程。

户外运动这个词语是从"outdoor sports"翻译过来的，最初是中国户外运动活动的主要形式，也就是体育比赛。在中国，出现了户外运动教育、户外运动、户外休闲等各种运动方式，"户外运动"在尝试将各种体育活动整合起来的过程中遭遇了一些特性上的阻碍。事实上，在国外，对于户外运动活动并没有一个明确的名称，只是以各种名称来表示对应的体育活动。

20世纪90年代初期，北京、上海、广州等地兴起了一些近代的户外运动活动，这些体育活动大多是由外籍人士和海外侨胞引入中国的。长期以来，户外运动一直都是一小部分人的娱乐活动。21世纪，随着我国经济实力的增强，中国的体育人口快速增加，户外运动也在国内蓬勃兴起，其人数日益增多，成为丰富国民的娱乐生活的重要体育活动。随着户外运动的发展和推广，各种因参与户外运动造成的意外事件也开始出现，面对着可能存在的风险，人们对参与户外运动一直持观望态度。因此，积极宣传户外运动，引导人民群众正确认识户外运动，对促进我国户外运动活动的可持续发展具有重要意义，同时也为保护户外运动爱好者的生命健康提供了有效途径。

在户外运动中，我们会感受到一种惊险刺激和融入自然的感觉，这也是一种缓解压力的好方式。随着时间的推移，一些人的心理压力越来越大，越来越多的人开始参与到户外运动中来。但是，很多参与户外运动的人只知道简单地模仿他人的活动，却不知道它的真正意义，这就导致了一系列的问题。

关于什么是户外运动，国家体育总局登山运动管理中心多位专家发表了看法。栾开封认为，户外运动是特指在野外或在自然场地进行的与自然界紧密结合的新型体育运动[1]；李致新将户外运动定义为一组以自然环境为场地（非专用场地）开展的带有探险性质或体验探险的体育项目群[2]；马欣祥对户外运动的定义为，人们以人力或利用自然力，在基于自然的环境中开展的体育活动的统称[3]。

---

[1] 栾开封. 走向户外——漫议户外时尚运动的兴起与我国的社会进步[J]. 体育文化导刊，2002（15）：16-17.
[2] 刘朝明，杨树荣. 山地户外运动安全因素及对策研究[J]. 当代体育科技，2018,8（9）：234-236.
[3] 马欣祥，田庄. 对户外运动概念的重新甄别与界定[J]. 中国体育科技，2015,51（1）：140-145.

国外公认的户外运动概念出自《新欧洲·体育宪章》，认为户外运动是采用有挑战性的通过方式，以及要不断根据选择的特殊地形和主要风力、气候条件来调整和修改的挑战活动。

中国研究者对户外运动的界定体现了自然环境、探险性和体育活动 3 个基本特征；《新欧洲·体育宪章》的概念突出了户外运动过程中人的能动性。

在社会发展的同时，户外运动自身也在不断地改变。现在，户外运动越来越显示出旅游休闲的特征。因而，户外运动的种类也日益多样化，就连野外照相、环境保护等都可以称为"户外运动"。当前的户外运动观念还没有明确界定自然环境的类别和探险的范围，从而使人在认知上出现了偏差，从而引发了在户外运动中造成的意外伤害。

综合分析国内外有关户外运动的概念，可见户外运动本身是一种身体活动，自然环境是它运行的基本条件，风险性和游憩性是它的两个特质维度，通过这两个维度的强度变化，可以对广义的户外运动进行比较清晰的界定。

二、户外运动的特点

户外运动主要具有以下三个特点。

（一）参与过程中人与自然具有高度融合性

户外运动源于人类生存的需要，注重人类与自然的融合，是一种以尊重自然和理解自然为前提的实践活动。具体地说，在人类活动中，人和大自然的高度融合主要表现在以下方面。

1. 了解与接近自然

在早期的户外运动与野外探险活动中，探索者们所向往的是对大自然的探索和认识。到了近代，由于科技的进步和人类的认知能力的提高，人类对大自然的了解也越来越多。人与自然紧密联系在一起，对大自然的神秘的探索，是人与自然的密切结合的重要体现。

2. 尊重自然环境及其发展规律

人们在进行户外运动时，必须尊重自然，尊重生态环境，尊重自然现象，尊重自然规律。所有的户外运动都必须遵循不破坏自然环境、尊重自然发展规律的基本原则，这也是人类与自然的高度融洽关系的一个主要体现。

（二）参与过程会受到环境的影响与控制

整个户外运动的开展过程会受到环境的影响与控制，主要体现在活动方式受活动场所的制约以及环境对户外运动过程和结果的高度控制性。

1. 活动方式受活动场所的制约

户外运动一般来说是在户外进行的体育项目，场地都是在某一天然的地方或场所。从某种程度上说，户外运动的场所、环境特点将会对其形态产生影响。一个地区的自然环境对其是否能够进行一次户外运动活动有着重要的影响。例如，在山区进行的户外运动以登山、攀岩为主；在海滨，更多的是在沙滩上进行户外运动。

2. 环境对户外运动过程和结果的高度控制性

一般情形下，任何一种环境都会对户外运动的过程和效果产生一定的影响，有时还会受到环境因素的干扰。比如，当遭遇强烈的空气流动和低温（高温）时，几乎一切户外运动都会被波及。

而在体育活动中，由于环境的变化，人们的生理机能、心理状态等也会对体育活动效果产生一定的影响。由此可以看到，户外运动与其他高层次体育项目的区别是：户外运动的场地和周围的环境都是比较天然的，具有自身的生存条件和形态，各种变化的因子很多，具有很大的可变性。在这样的条件下，参加户外运动的人的身心肯可能会受到损伤。而其他高层次体育赛事则是将体育场地进行规范化的统一，以减少场地及周围环境对运动员的心理冲击。正因如此，环境对户外运动和体育项目的进程和效果起到了一定的调控和影响作用，从而使人们可以适时地进行体育锻炼，从而体会到运动带来的愉悦。

（三）户外运动的探索性与挑战性

在当今社会，生活的步调越来越快，大家都在努力地工作，工作的时间越久，就越容易让人身心俱疲。在参加户外运动时，可以让我们认识大自然，把每天的烦心事都放在一边，去发掘新的生活领域，获得新的体验，缓解紧张和焦虑的情绪。

而在户外运动活动中，我们会遇到很多的困难，要靠自己的聪明才智和身体素质克服重重障碍，适时地改变自己的行为习惯，以顺应外部环境的变化。由于户外运动的探索性和挑战性，使得人们越来越多地投身于户外运动，挑战自我，拥抱自然，并发展自己的探险和团队精神。因此，探索和挑战户外运动对个人身心发展的意义重大。

第二节 户外运动的功能与分类

一、户外运动的功能

目前，开始有更多的体育爱好者参与到户外运动队伍中，户外运动发挥的作用也越来越大，其功能性日益得到了凸显。户外运动的功能包括以下几点。

（一）促进身心的健康发展

1. 对身体发展的作用

户外运动是一种具有促进身体和心理健康发展能力的体育运动。当今世界，人类的生活步调越来越快，个人所承受的各种压力也越来越大，所以必须要有一个健康的身体和一个健康的心理。户外运动对个人身心的影响有两个方面。

第一，户外运动通常是在户外进行，户外的空气比较新鲜，参与者可以通过攀爬、跳跃、健走等方式来提高身体的力量，提高心肺的功能，促进个人的身体健康发展。

第二，与足球、网球等运动不同，户外运动的强度和形式是参与者自己掌握的，其形式是可以是徒步，也可以是登山等，可以随时调整运动的强度，让参与者更好地完成运动。

2. 对心理的发展作用

户外运动不仅可以提高参与者的体质，还可以促进参与者的心理发展。具体而言，体育锻炼对参与者的心理发展的影响表现为自我激励、奋发向上、团结协作、永不放弃的精神。

第一，人们在平时的工作中承受巨大的心理压力，参加户外运动可以让他们摆脱社交带来的紧张和不安，同时也可以亲近大自然，体验户外的新鲜和刺激。

第二，在户外运动中，参与者为了更好地完成任务，必须和其他成员一起活动，这样可以增强参与者的团队合作能力。

第三，参加户外运动的人，有各种各样的意外状况，在艰苦的户外条件中，不仅要面对身体上的外部挑战，更要面对来自心灵的挑战。在这样的双重刺激中，参与者不仅可以提高自己的体能，还可以让自己更有毅力、更加冷静。

（二）培养团队协作精神，建立和谐的人际关系

人是社会的基础单元，人不能从社会活动中独立出来，社会的发展又离不开个人的发展。人要发展自己，完善自己，使自己变得更好，变得更有价值，才能促进社会的不断进步。

户外运动是一种团体活动，强调团体合作，要求成员具备团队合作意识。在进行户外运动时，可以在空气清新、环境优美的环境中和队友进行自然的交流，从而扩展自己的思想，提高交流的技巧。在此基础上，通过双方的协作，增强彼此之间的信任，拓展社交网络。另外，户外运动中有许多的困难，必须由小组成员共同努力才能克服，这也能够锻炼参与者的团队合作能力。

（三）提升环保意识，实现人与自然的和谐

建设一个和谐的社会，不仅要实现人与人之间的协调发展，更要实现人与自然之间的协调发展。在当今可持续发展中，环境的污染已成为人们关注的焦点，环境保护问题已经引起了全球的广泛重视，世界各地都在提倡绿色发展。与此同时，户外运动的爱好者可以通过参加户外运动更好地了解自然，并在这个过程中加强环境保护意识，以更好地爱护自然、保护自然。

（四）对社会经济的发展起到推动作用

随着全球一体化进程的加速，户外运动正逐步在全球范围内推广，户外运动行业也出现了蓬勃发展的势头。

通过对国内外相关调研资料的分析，目前，欧美地区的一些发达国家的户外运动行业已是这些国家的重要支柱行业。户外运动产业涵盖了服装、装备、旅游度假、媒体营销等多个方面，涉及社会经济的方方面面。在国际经济视野下，户外运动产业有着巨大的发展空间。

我国的户外运动产业起步较晚，发展也比较慢，其产业链的发展远不及欧美地区的一些发达国家。但是，近年来随着我国经济水平的发展和人们运动意识的提高，户外运动在我国的发展进入加速期，户外运动产业具有广阔的发展前景。随着中国制造在全球的崛起，我国的企业以销售装备和器材为主线，大力发展户外运动产业，为国内外提供户外运动装备、户

外运动服务、举办各类运动赛事，并积极发展户外旅游产业，带动了我国国民经济的有效增长。

二、户外运动的分类

在进行户外运动的分类时，有很多分类标准，常见的有根据运动方向划分的户外运动垂直运动、户外运动水平运动。

在此，我们主要以户外运动的地形为标准，将户外运动分为五大类，如表 1-1 所示。

表 1-1　户外运动的分类

分类	不同系列	具体项目
海岛运动	荒岛生存户外运动	觅食（水）、宿营、联络、求援等
	峭壁户外运动	海上攀岩、悬崖跳水等
	滩涂户外运动	滑沙、滩涂运动游戏等
	近岸水域运动	木筏环岛、水中滚木
山地运动	岩壁户外运动	攀岩、岩降等
	丛林户外运动	滑草、丛林穿越、丛林觅食、丛林联络
	其他户外运动	群众登高运动
荒漠运动	沙漠户外运动	滑沙、沙漠穿越、沙漠生存
	荒原户外运动	穿越项目、生存项目
	戈壁户外运动	戈壁穿越、戈壁生存
峡谷运动	谷内户外运动	横渡、溯溪、溪降
	谷缘户外运动	搭索过涧、溜索、悬崖跳水等
建筑物运动	垂向户外运动	攀楼、攀塔
	水平户外运动	自行车、汽车公路穿越、公路徒步穿越

第三节　户外运动的价值与准备

一、户外运动的价值

和其他的人类行为类似，户外运动也是一种生活的价值和意义的体现。户外运动的价值主要有两个方面：文化与精神价值、教育价值。

（一）文化与精神价值

体育运动所具备的人文精神和灵性，是吸引大众参加体育活动的重要因素。

1. 满足人们渴望挑战与冒险的需要

自古以来，人们从不缺少敢于尝试的勇气。哥伦布发现新大陆、郑和下西洋、麦哲伦环球航行，各个时代的人们都在用自己的实践探索着未知世界。如今，在现代人的生活中，户外运动成为一种超越自我、追求冒险的重要途径。在挑战欲望和冒险需求的驱使下，不同年龄、不同职业的人们热情地涌向高山、沙漠、海洋，在严酷的自然环境中，享受着大自然带来的快乐。

2. 丰富精神文化生活

热爱户外运动的人，可以在户外进行体育锻炼，并从中得到快乐，这是参加体育赛事的一个重要先决条件。在参加户外运动时，我们可以近距离地亲近自然，呼吸清新的空气，探索大都市里很难获得的体验。因此，在户外运动中，人们可以找到不同的运动价值和参与热情，并在这个过程中充实自己的生活，激发对生活的热情，帮助自己在工作和生活中更有信心、更有力量，更好地凸显自己的人生价值。

3. 增加人们的文化认同感

户外运动能把参与者带到一个完全不同于自己日常活动的地方，在运动和探索的过程中，参与者可以体会到与自己所处的环境完全不同的景色。在运动过程中，参与者可以领略到一种惊心动魄的感觉，了解当地的风俗和习惯，这样就会让参与者对自己国家的历史和文化产生归属感，增强他们对国家的认同感。

（二）教育价值

户外运动的教育价值主要体现在以下几个方面。

1. 学习并了解与户外运动有关的技术和知识

参加户外运动前，必须先认识和了解户外运动的基础知识，掌握户外运动技巧和生活技能。在进行户外运动的过程中，参加活动的人员可以与别人进行沟通和协作，从而掌握更多的新技术和新技能，提高他们的户外运动能力。

2. 培养环保意识

在现实生活中，每一个人都要面对各种压力，在现代生活的快节奏下，人们很少能有机会去真正地认识环境、了解环保的重要性。而通过户外运动，人们可以亲身体会到优美的自然环境所蕴含的内在价值，认识到环境保护的重要意义。

3. 培养新的学习兴趣

户外运动带有一种神秘的冒险意味。在所有的户外运动中，谁也无法预测接下来会出现的情况。参与者可以在一步一步的探索中，发掘新的东西，并获得新的学习乐趣。尤其是对学生而言，积极参与户外运动，可以提高他们学习科学、自然、生物、历史等知识的热情和积极性。

二、户外运动的准备

在户外运动中，存在着很多难以预料的变数，如果出现意外，或是变化超过原本的预期，那么在没有提前做好充分的心理准备时，将会耗费很多的精力去应对各种意想不到的问题。只有我们事先做了充分的准备，才能从容地应对一切问题。在户外运动过程中，存在野外环境的安全性、运动强度的合理性等一系列问题，只要我们能够制订一整套详细、周密的作战计划和各种措施，就可以很好应地对各种情况，所以在进行户外运动时，一定要遵守相关规定，具体来说包括以下几点。

（1）注意安全。参加户外运动的人一定要严肃地面对安全问题，首先要认识到户外运动的风险性。

（2）了解自己的身体状况。如果身体存在问题，要在可控的情况下参加户外运动，在野外可能会疾病，因此要准备充足。

（3）户外运动绝不能只靠激情，参与者要具备基本的急救能力及救护技术，并学习相应的专业知识，如利用各种导航设备和地图、具备一定的户外生存能力。

（4）科学选择户外运动用品，保证安全性和专业性。户外运动是一种专业的体育项目，要挑选合适的场地，非专业人士不可尝试高山、悬崖等专业项目。

（5）初学者应尽可能地选择正式的户外团队。专业的运动俱乐部通常都会有完整的活动计划，并配备一个完整的后勤和安全保障体系。相对来说，自发组织的团队具有很强的盲目性，发生问题的可能性也会大大提高，对于一些危险性较高的户外运动，个人参与者一定要具备相关的专业知识，并最大限度保证自己的安全。

第四节 户外运动研究发展动态

一、户外运动产业研究进展

户外运动的基本性质是体育运动，因此它属于体育产业。户外运动产业作为一种经营性活动，是市场经济条件下的一种经济行为，会随着人们对户外运动需求的发展而不断发展，当达到了一定的水平和规模之后就形成了一种体育产业。

从行业经济角度来分析，体育经济产业的组织形式主要有三个层面，即营销结构、营销行为、营销业绩。这里从三个角度对体育经济产业的组织结构进行详细的整理和剖析。市场格局是指市场上的交易、竞争和合作的三种类型的市场格局，其中包括市场集中度、产品差异化、市场进入壁垒、市场需求等。而国内有关户外运动行业的市场结构的理论也正是从以上几个方面展开的。通过对中国户外运动品牌的分析，了解到高端的户外运动市场已基本被国外的顶级品牌所占领，国内外品牌与国际顶级品牌之间存在一定的差距，并且竞争日趋激烈。目前，中国户外运动的市场结构存在着一定的问题，如数量少、规模低、市场占有率小、户外产品进口额比出口水平高、户外产品的产品质量存在问题。通过对国内青年户外运动的需求分析，得出了青年对户外运动有强烈的需求，希望能够在旅游中获取参加体育活动的经验，但当前国内市场上可供消费者选购的户外用品种类较少，商品品质还未达到顶级水平，使得户外运动参与者选择国产品牌的欲望较低。考虑到参加活动的动机，人们对户外运动的要求呈现出多样化的特点，如一部分参与者参加户外运动的目的是追求新鲜感和刺激感，对户外器材的要求也更高，而且这种趋势还在不断扩大。从市场集中度、产品差异化、市场进入壁垒、市场需求等角度对我国户外运动市场的构成进行分析，能够为市场营销结构的发展提供新的思路。

市场行为是指在充分地顾及市场供需状况以及市场主体之间的相互联系的情况下，根据自身的特点而进行调节，以达到预定的目的的一种市场经营行为。国内外学术界对体育行业的市场活动进行了深入的探讨。通过对国内外户外运动产业的调研，发现目前的户外运动行业存在着各种不合理竞争现象，如为了获得市场占有率采取的不合理的价格战。企业应对顾客的明、暗需求进行深度的发掘，根据顾客的需求特点，制定相应的市场营销战略，以达到提升市场营销效果的目的。企业若要提升销售业绩，必须以市场需求为导向，而在选择户外运动经营方向时，既要兼顾客户的需求，又要兼顾市场环境。目前，我国的户外运动市场存在着策略上的粗放、市场占有率不足等问题。由于国内举办大型户外运动的场地大多在西部地区，因此虽然户外运动参与的人数并不多，但对西部体育的发展起到了很好的促进作用。因此，今后的发展重点应该放在体育活动的增值上，而我国户外体育市场的开发和户外产业品牌的建立依然需要依靠赛事平台的推动。

目前，国内学术界对户外运动行业的营销行为进行了大量的调研和统计。根据调查结论，大部分的学者都认为，目前的户外运动在国内的发展并不理想，尽管户外用品产业发展较为迅速，但户外运动的发展还处在初期，还没有完全建立起符合我国人口情况的行业规模经济体系。在对国内有关户外运动机构经营的研究中，发现国内的体育社团经营状况也存在一些问题。根据经验，成熟的户外运动行业在高收益的同时，也能够为经济增长作出贡献。户外运动可以以旅游特色小镇经营模式与盈利方式为基本模式，配合户外运动的发展引入医疗、康复、观光、赛事等多元要素，打造具有多种经营特色的消费链条。从以上研究结果来看，我国的户外运动行业发展水平较低，虽然户外运动用品销量在持续增加，但盈利水平不高。

从体育营销的视角来分析，户外运动行业的构成由消费者、生产者和中间商三大部分组成。目前国内学术界对体育行业的消费行为进行了深入的探讨。首先，从统计角度对我国城市居民的人群特点、消费群体、消费者类别进行了研究，对我国户外运动市场的主力消费群体进行了画像，明确了我国户外运动产业发展的市场基础。其次，从心理角度探讨了户外运动顾客的需要和特点。从调查结果可以发现，我国的体育消费主体呈现高学历、高收入、年轻化的特点，男女差别不大，消费领域属于物质消费范畴，高端需求和低消费力者是当前的消费主体。目前，户外消费群体具有消费主体分散、消费需求多样、市场黏性强等特点，多元需求逐步引导着市场向高端发展。消费群体需要具备探索精神、挑战精神、回归自然精神、社会意识和健康意识等，并具有高度重视体验的特点。

体育商品是指以市场形式来满足顾客的体育需求和权益的一种商品，它可以分为有形商品和无形商品，有形商品以实物商品的形式来提供给广大的顾客。目前国内学术界对于户外运动产业的实物商品的研究多为户外商品的设计与市场的拓展，而对无形商品的调查则侧重于户外运动精神，并对其进行了深入的价值发掘。国内外有关专家对目前国内外户外产品销售情况进行了初步的研究，结论表明户外休闲体育行业正处在快速发展时期，是一种具有广阔发展空间的新兴朝阳行业。在户外运动产品的设计中，要突出轻巧合身、实用功能、安全便捷、特色鲜明等特征，通过理念创新、价值创新、营销组合创新等方面，提出以体验为导向的户外运动产品营销策略。通过对当前市场上的户外运动产品进行调查，发现其品质参差不齐，国外品牌占有很大的市场份额。另外，还要注意制定户外运动的品质认证体系。通过对我国青少年户外用品的调研，可以看到目前市场上只有少数户外运动专项体育用品和服务产业，而且户外运动产业基本上都是以观光为主，同质性比较突出。

目前国内外有关户外运动旅游资源的研究主要集中于户外旅游资源的发展现状、发展战略等。部分专家指出，中国的体育旅游资源在利用上有着得天独厚的条件和资源的禀赋。当前，我国户外运动产业发展存在着资金不足、市场运作机制和公司合作机制不健全、专业化配套服务系统相对落后等问题。利用大型的户外比赛来发展自己的优势资源，对建立自己的品牌具有重要的意义。另外，研究者认为，在户外运动休闲资源的发展和产品设计中，一定要符合使用者的特定偏好，以服务于精确的目标群体，以达到更好的利用效率，因此在今后的发展中，应该着重于户外资源的绿色发展。

对于户外运动无形商品的研究，目前国内外的学者多集中在体育活动发展的状况及体育活动的价值发掘上。调查结果显示，目前国内的户外运动活动发展水平较低，体育项目的规模较小、盈利水平较低。

生产者提供商品或提供劳务，而中间人则是向市场提供商品的分销商、零售商等。目前，国内户外运动行业的市场主体包括户外实体商品的生产者和销售商，户外俱乐部、户外网站等是户外无形商品的生产经营者。

国内学者多以户外运动会所为对象，少数学者则是以户外运动场所为对象，对其经营状况进行了调研。刘华荣、蒋国权和徐莉姝等人对国内户外会所的状况进行了调研，王兆征、周江、梁海燕等人则是对各地区的户外场所进行了调研，但从结果上来看并无显著差别。邵强对西安户外会所的经营方式进行了初步的探索。尹昊组织了一次关于目前户外会所从业者的调查。程蕉从法律角度出发，建议在体育活动中通过引入免责条款、购买保险等方式来减少体育活动的安全隐患。通过国内外有关专家的调研，我们可以看出，当前我国户外会所存在着内控制度不健全、外部监督薄弱等问题。

目前国内有关户外运动行业的研究还比较欠缺，仅有李萍、梁强等人对目前的户外运动行业的政策进行了深入的探讨。目前国内外有关户外运动行业经营的现状，如市场规模较小、安全事故频发、行业发展不平衡等诸多实际问题，迫切需要有关行业的研究加以阐释和改进。所以，对户外运动行业进行深层次的探讨，无论是在理论上还是在实践上都是十分重要的。

产业的发展是产业的产生、成长和进化的历程，而产业的"进化过程"则是产业的结构性变迁。目前，我国的户外运动行业发展势头良好，行业业务总量快速增加，但还没有形成行业规模，国内学术界对其发展的相关理论和实践研究还不够深入。在此背景下，国内外有关专家就湖北省户外运动发展模式进行了研究，提出了以运输网络为依托，促进各地区之间的工业联系，提升配套设施的利用率，充分发挥户外运动产品的集聚作用；结合山区户外运动特色小镇的发展，从体育和旅游业两个方面进行了探讨。学者指出，目前国内的户外休闲行业发展和提升的主要原因是行业整合和经营模式的革新。付铁山对韩国的户外产品开发模式进行了深入的剖析，为国内的户外产品开发提供了一定的参考。尽管上述学者对我国户外运动行业的转型有一些看法，但对于我国户外运动行业的结构调整，还没有进行专门的探讨。

我们从国内外有关户外行业的文献资料中可以发现，目前国内外有关户外运动行业的研究还处于失衡状态。我们的研究重点在于企业的组织与结构，而对于企业经营与发展的相关问题却很少，这与国内户外运动行业的发展水平有很大的关联，因为理论和实际的发展是相互促进的，因此缺乏对户外行业的经营与发展的研究。

相关人员选择的研究目标有一定的偏颇。现有的相关文献中的研究多集中在中西部，对于我国东部和东部沿海的一些区域的研究文献则很少见。相关研究所考察的区域差异极大地影响了我国户外运动行业在国内的发展。在国外关于户外运动行业的研究目标在选择上，多以欧洲为主，而忽略了其他地区的一些国家，特别是日本、美国和新西兰等户外工业大国，更是少之又少，这将给我们更好地了解国际户外产业的发展带来负面的冲击。尽管学者可以在选题上作出一些偏向，但是过分的偏移会削弱研究的系统性，因此合理地保障科研区域的平衡性，对于整个户外行业的发展都是有益的。

在研究方式方面，采用了大量的实证调研和访问等方法，但是定量的研究却很少见，其中一些定量的研究也仅限于问卷调查和数理统计法，对市场、产品、消费者、生产商和中间人进行调查。

二、户外运动教育研究进展

目前来看，户外教学已成为欧美大学的重要教学内容之一。户外教学是 2002 年引进国内的，至今已有 20 多年的历史，但是户外教学的普及程度却很低。笔者对国内外户外教育的相关研究进行了整理，认为户外教育的研究范围包括户外教育的概念、户外课程、户外教学以及户外专业人才的培训。

目前，关于户外教学的相关问题，国内外学术界对户外教学的认识较少，也没有形成一个一致的认识。孙辉、余昭炜等少数人对户外运动教学的理念进行了深入的研究，但他们仅仅在文章中提到了这一点，并没有对此进行全面的讨论。孙辉学者将户外教育看作是在自然环境下的教育，是人与自然全方位的和谐互动，是人类合理利用自然环境、资源实现各种生存、休闲知识、技能的掌握，养成良好的价值观和世界观，促进人的身心全面发展的教育过程[①]。余昭炜认为户外教育强调在户外自然环境中进行精心设计的活动，是培养人的心理素质、团队协作精神、社会适应能力和生存技能的教育形式[②]。虽然两位学者对户外教育有不同的认识，但是从中可以看出两位学者在界定时存在共性：首先在户外教育开展的场地方面，两位学者都强调了自然环境这一空间概念；其次，教育的主、客体是人；最后，户外教育的最终目标是实现"全人"发展。

在户外课程研究方面，我国学者主要围绕户外课程体系的构建展开了研究。王桂忠、关吉臣、刘亚三位学者对高校户外课程的开设进行了一系列的探索，在课程指导思想方面，关吉臣认为在户外教学过程中应遵循现代教育教学的规律和学生身心发展规律，树立以素质兼能力培养为核心的教学指导思想[③]。王桂忠在设置课程的目的时，着重于对大学生进行野外技能训练和野外求生的训练。吴晓华的调查结果显示，欧美大学的户外运动

[①] 孙辉. 我国高校户外运动发展研究[J]. 体育文化导刊，2014（3）：138-141.

[②] 余昭炜，兰自力，孙辉. 国外学校户外教育研究[J]. 广州体育学院学报，2015，35（3）：121-124.

[③] 关吉臣，董永康，康军. 东北地区高校体育专业开设冬季户外运动课程的思考[J]. 体育学刊，2009，16（9）：89-91.

教学目标，在强调学生的基础技能与基础知识的掌握的基础上，更强调了综合素质与人文素养的培养。

就课程的组织与教学内容而言，国内的户外运动教学体系多为技术性理论教育，并且实施中偏重于运动技能的教学，忽视了运动科学、专业知识和安全知识教育，使户外运动理论教学与技术教育脱节。而国外在户外运动教学的内容上，则呈现出更为开放性、跨学科的特点，其教学理念与实践相结合，突出实践意义。目前，我国大学户外运动教学的最终评估包括理论答题、技能实践操作、户外表现综合评估等多个阶段，而在教学过程中，以老师评估为主，评估方法过于单一，忽略了学生与学生的相互评估。在国内外的户外教学特色的探讨上，国内的学者倾向于发掘国外的户外教学特色。

在教学思想上，国外的户外教学既重视体育锻炼，又重视学生个性的形成；从内容上看，国外户外教学呈现多样化特征，以体育为依托，以多种专业为依托；在教学特色方面，国内外户外教学均具有理论性和实践性的特色，并强调其实践性。国外的户外教学更注重的是培养学生的领导和管理能力，旨在培育出一批优秀的户外运动人才，我国的户外教学所涵盖的学科内容很多，以训练综合型的人才为主；在教学成效方面，国外的户外项目与职业特点、就业方向紧密相关，毕业生就业方向以户外产业为主，而我国的户外项目与实际就业方向和岗位脱节，70%以上的大学生不会涉足户外产业，导致户外专业人才没有起到推动户外运动发展的作用。由此可见，我国户外课程体系还有待完善。此外，李正贤学者关注到了户外课程的安全问题，提出构建风险保障、安全监督、专业培训、安全管理、应急救援"五位一体"的高校户外运动课程内容安全体系[①]，为户外运动课程的持续健康发展提供了保障。

学者对户外教学的研究主要集中在对高校户外教学体系构建的探讨。按照教学体系构建的要素来看，杨汉和陈志坚认为我国高校户外教学目标主要在于向学生传授户外基本知识和技能，培养学生的实际动手能力和团队合作意识以及环保理念；教学内容主要涉及体能训练、户外运动理论知识和技能操作，如定向运动中地图知识的学习和地形地貌的判断、野外综合实践训练等；教学组织形式为校内理论课和校外实践课相结合，校外实践课在自然环境中进行；教学方法灵活，主要有讲授、示范指导、小组讨

① 李正贤. 高校户外拓展训练课程安全问题研究[J]. 体育文化导刊, 2008(10): 98-100.

论、亲身体验、内化反思等；教学时间除学校常规课程安排外，实践课基本在周末进行；教学评价方法多元化，主要以理论成绩、实践操作能力、野外综合训练表现作为评价依据。[①]龙继军和单凤霞就海外的野外教育进行了探讨。通过对国内外有关野外活动的调查，可以发现，在户外运动的方法和评估制度方面，国外与国内的户外运动有很大的差异，我国目前主要注重运动知识的教学，忽视了对学生的自学、实践、独立思考等多种素质的训练。在期末考试中，理论性的测试比例很高，而对学生实际运用能力和经验的增长相对较低，导致学生把重点放在了考试的成绩上，而忽略了对实际操作能力的复习、训练和巩固。

杨汉、王翔宇对国内大学户外专业人才的培训系统进行了探讨，王翔宇、单凤霞、李齐等对英美野外技术培训的方式进行了探讨。通过比较，我国和国际上的户外专业培训制度都有一定的共同点和不同点。在人才的培养对象方面，国内外均注重人才的适用性，而国内对人才的水平有较高的需求，注重户外人才对社会和户外行业发展的推动作用，而国外则相对较少，只局限于顺利完成工作。在管理体制方面，国内外并没有什么差别，都是在校方的指导下，由各教育机构来实施，但国内的户外人才培养则多在体育院校的社会体育指导、体育旅游、运动训练等方面，而国外户外人才培养则是全方位、多层次的，不仅在体育类院校开设课程，在酒店管理、自然资源管理等专业中同样承担着户外人才的培养任务。在培训方式上，国内外均着注于将理论和实践相结合，但就现实而言，国外的野外技术人员更重视实习，国内则侧重于基本技能的教学。在专业技术培训的组织和执行方面，国内外的户外专业培训体系均呈现出系统化、综合性的特征，而国外的大学在户外专业的教学内容方面更加完整、合理、层次分明，可提供学士、硕士、博士等不同层次的专业学位，以及完善的学历和职业教育体制，从学校到社会为户外行业提供了多渠道的人才培养途径；国内户外人才的培养主要依靠少数体育类院校和一所地质类高校，人才培养途径较窄且学位课程有限，主要以学士和硕士学位课程为主。就人才的培训方式而言，国内外均侧重于建立理论教学体系与实训教学体系，而国外则侧重于建立理论教学和实践教学相结合的教学体系，注重培养学生综合能力，而国内则侧重于建立实习教学平台，培养具有专业素养的学生。

另外，研究者从竞赛的角度，对高层次户外运动选手的训练机理和竞

---

① 杨汉，董范，郑超，等. 高校体育课程——户外运动教学体系的研究[J]. 北京体育大学学报，2005（6）：789-791.

赛能力进行了初步的探索。分析表明，与欧美国家相比，我国的山地户外选手水平仍有较大的差距。产生这种情况的原因，是因为我国户外运动参与者规模较小，选手选择方面存在不足。针对山区户外比赛的特征，研究了选择户外选手的途径及影响因素。从现有的研究成果中可以发现，现有的关于体育运动员的研究角度与内容都较为单一，缺少从运动员自我效能、运动性伤病等方面进行的心理学角度、运动生理层面的探讨。

此外，还有一些研究者对户外职业师资的培训问题进行了研究。在此基础上，有学者对野外指导员职业技能的评估进行了研究，以期为野外指导员的培养提供一定的参考依据。为了进一步完善户外运动专业资格认证制度，有学者从体育专业资格认证制度的角度对其进行了探讨，具有一定的借鉴价值。

综合国内外有关户外教学的研究成果，认为当前的户外教学理论仅在总体上建立了课程体系、教学体系和人才培养体系，但其内在因素仍有待进一步的深化和发展。在户外课程建设上，基本上都是以学校的体育课程为切入点，为落实《体育强国建设纲要》（简称《纲要》）提出的各项教学目标，对其进行了有益的尝试和创新，在实际应用中，有利于培养和完善学生的身体、心理素质，对《纲要》的落实起到了积极的推动作用。但是，在实施了"走入校园"的计划后，我国高校提出了建设更高的户外教学系统，但至今还没有引起足够的重视。关于户外教学的教学内容的研究，国内外的学者多侧重于国外的教学特色，而对国内外的户外教学进行了对比研究，这主要是由于我国目前只有中国地矿学院承担了这一课题，而且科研单位和科研结果相对单一。目前国内外有关户外课程的研究主要集中在对学校户外课程设置和执行的影响因素、户外运动的安全性等方面的探讨。

在户外专业技术培训的基础上，对户外专业的培训方式进行了宏观的探索。在对户外运动的研究中，目前学术界对户外运动的认识还停留在学生、教师、专业体育选手和户外教练等方面，对户外运动企业、俱乐部经营者和教练培训系统等方面的问题尚无深入的探讨。目前，国内高校户外教学中存在着以学历和非学历为主导的教学模式，但目前国内有关专业技术人员培训制度的研究还没有形成。从总体上看，国内户外教学仍是从宏观水平进行的，缺少纵深的纵向发掘。

三、户外运动风险管理研究进展

目前，我国有关户外运动活动风险的理论和方法主要是从安全事故、风险因素和宏观安全保障制度的结构等方面进行分析。

从宏观角度来说，建立一套完整的安保体系，对整个户外运动进行全面的监控与控制，可以减少意外事件的发生，即便出现意外，也能及时进行抢救，尽量减少意外带来的伤亡和损失。安全防范机制的建立要优于单纯依靠风险分析、风险因素分析、建立保险机制来进行风险防范。黄贵认为，对户外运动项目的特殊保险产品和其价值的分析，既可以为户外运动的参与者和组织者在风险的转移方面提供一条新出路，又可以完善我国对户外运动危险因素的研究视角[①]。

总之，国内外有关户外运动活动风险的理论和方法有多种视角，如风险、安全、保险等。从微观层面对户外运动活动的各种危险因子进行筛选、评价和评分，建立一套完整的风险评价体系，供参与者、组织者和管理者参考，并完善对户外运动风险进行全过程监控的动态安全管理体系。户外运动风险的研究方式多种多样，主要有文献资料法、问卷调查法、数理分析法、逻辑分析法、案例分析法、访谈法、模型应用法、德尔菲法、列表排序法、矩阵法等。

户外运动项目包括水上、山地、海上、沙漠、高原等多种项目，每个项目对环境、场地和参与团体的需求都不尽相同，所以项目实施的风险也各不相同，这就需要我们结合项目的特点来考量相应的风险。另外，周听虔对女生在户外运动活动中是否容易受伤的问题进行了研究，事实上在户外运动中，男性受伤的特征和程度和女性没有差别。户外运动危险的发生率和性别关系不大，年龄、户外运动经验、参与时间、技能水平等因素才是主要因素。

---

① 黄贵，苏永骏，周亚琴. 登山及户外运动专项保险研究[J]. 西安体育学院学报，2014，31（2）：178-182.

第二章 户外运动的起源与历史发展

第一节 户外运动的起源

户外运动与人类的生活、生产密切相连，我们能够从社会生活中寻踪觅迹，而且有些户外运动项目至今在某些地区或某些情境下仍然是生活或生产行为，如钓鱼是渔民的生产方式之一，许多科考工作人员和采矿工人还需要经常露营而居，所以我们发现户外运动主要起源于生活、生产、军事和科考等领域。

一、源自生活实践的户外运动

社会的发展和人们生活水平的不断提高，促使大家越来越重视生活质量，走向自然、体验自然的活动，能够让人们重新审视自我，并激发良好的生活热情，所以现代户外运动与人类的社会行为密切相关，不仅是社会经济发展的结果，而且受社会结构变迁的影响，许多原始的生活方式被现代人用于休闲健身。

譬如，人类的先辈们过着风餐露宿的生活，借助洞穴、窝棚等躲避风雨和野兽，在没有掌握人工生火技能的时代，靠生吃野果或动物为生，后来才掌握了保存自然火种和钻木取火的技术，具备吃熟食、取暖、照明的条件。远古时代人类的户外生活方式是一种日常行为，而现代人为了缓解压力，也尝试到大自然中体验这种原始的生活方式，这就是野外生存。他们到远离居民点的山区、丛林、荒漠、高原、孤岛等野外环境中去，在不完全依靠外部提供生存、生活物资的条件下，通过个人或集体的努力，保存生命、维持生活。世界著名野外生存专家贝尔·格里尔斯（Bear Grylls）和埃德·斯塔福德（Ed Stafford）已经向我们充分展示了野外生存的魅力。

由于有些人的生活需要经常进入野外，所以野外生存与生活技能在现代社会的许多方面发挥着作用，如淘金热期间，许多怀揣梦想的淘金客不远千里来到矿场，也只能利用当地有限的条件生存，所以矿产资源勘探与开采也要求矿工具备一定的野外生存能力；一些科考调查工作需要工作人员赴远洋、登高山、穿荒野，科考人员通常只能携带有限的物资，他们也需要掌握就地取材的生存技巧。由此可见，一旦人们需要在野外生活较长时间，吃、住、行等方面就要有效利用当地的自然资源。虽然生活条件艰苦，但可以近距离领略自然风光、思考人生的奥秘、荡涤内心的迷茫、磨炼意志等，所以野外生存逐渐被引入教育和休闲领域中，用来培养青少年的意志力和应对自然挑战的能力，并成为人们排忧解乏的重要方式。许多商家为了满足人们体验野外生存生活的需求，开辟营地，使人们获得野外生活的乐趣，从而吸引越来越多的人走进大自然。

跟人类生活生产方式联系较为密切的另一个户外运动项目是徒步运动。19 世纪 60 年代，在尼泊尔兴起远足旅行。不过徒步并非单纯意义上的走路，而是指在徒步区域里主要靠步行去完成起点到终点的旅程，中间要穿越山岭、丛林、沙漠、戈壁、湿地、雪原、溪流、峡谷等地域。现在我们将徒步作为一种户外运动项目，而在过去没有交通工具的时代，人类出行主要依靠步行、攀爬、骑乘动物（如马、驴、牛等）、游泳和使用简单工具（如溜索、独木舟、羊皮筏等），徒步就是人们日常的通勤方式。我国历史上就有类似于徒步的故事，如明末旅行家徐霞客被称作"驴友"祖师爷。

现在徒步穿越已成为许多城市居民的一项时尚运动，如美国的犹他州锡安国家公园、新西兰的汤加里罗北部环线、以色列的国家步道以及我国秦岭山区，早就成为经典的徒步线路。徒步运动的发展为后来兴起的山地户外运动项目（如登山）奠定了基础。由于徒步运动融健身与观光旅游为一体，受到越来越多的人喜爱，而以徒步为主题的旅游业已经成为尼泊尔的支柱产业。

北方居民每到冬季，在一些气候比较寒冷的地区就会遭遇大雪封山而出行困难，人们无法徒步前往目的地，但他们需要完成砍伐、狩猎、伐木、采摘、运输等日常活动，因而发明了一种能够在积雪上行动的工具，由此滑雪活动应运而生。人类滑雪的历史比较悠久，2005 年中国新疆阿勒泰的一位牧民在汗德尕特蒙古族乡敦德布拉克发现一幅岩画，绘有 4 人尾随牛马等动物的图形，其中 3 人踩在一长条形物件上，手持一根长棍。经专家鉴定，画面表现的是一组脚踏滑雪板、手持单杆滑雪杖的猎人，该年代可追溯至距今 1~3 万年的旧石器时代晚期。最初的滑雪不能视为户外运动，它只是人类在特殊环境中的交通方式，主要体现为工具性、区域性和实用性。现在滑雪已经发展成为人们在冬季的一种休闲活动，许多南方人不远千里去体验滑雪,且有企业利用现代科技在南方制造室内滑雪场和模拟滑雪馆。

生活是人类进行发明创造的思想源泉,当现代生活给人类造成这样或那样的压力时,人们萌生返璞归真的愿望,将古代人类的一些生活方式转变成休闲娱乐的方式,产生了一项又一项广受欢迎的户外运动项目。

二、源自生产劳动的户外运动

生产劳动是人类社会存在和发展的基础,人们因此获得食物、水、住所、生活用品等各种维持生存的物质资源,所以生产劳动行为对人类活动方式产生了深刻影响,一些生产活动逐渐演化为户外运动项目。如捕猎和采摘,是远古人类获取食物的主要途径,即便在今日,人类也没有放弃捕猎行为,在澳大利亚、美国、俄罗斯等尚未禁猎的国家,还存在猎杀野猪等野生动物的活动,而现代捕猎活动,既是补充食物的手段,也是一种娱乐方式。我国有不少旅游景区设置狩猎区,养殖鸡、猪、兔等动物供人猎杀。

临海而居的人们,需要"靠海吃海",除了用鱼钩、鱼叉、渔网等进行捕捞,他们还想获得深海和海底的物产。据史料记载,明代中国南海廉州(今广西壮族自治区合浦县)、雷州(今广东省雷州市)等地已经盛行"没水采珠"的生产活动。至今,在日本和东南亚地区,还流行不使用任何器材设备的自然潜水采集珍珠的方式。后来,潜水技术被引入军事活动,早在 2 800 年前,米索不达亚文明全盛时期,阿兹里亚帝国的军队就采用羊皮袋充气,在水中攻击敌军,这也许就是潜水的原始起源了。随着潜水装备的发展,便携式的潜水设备可以帮助普通人较为容易地实现潜水,所以潜水成为一项大众户外运动项目,现在仅中国每年就有超过百万人次体验潜水活动。

大海并不总是风平浪静,渔民在海上需要与风浪抗争,如澳大利亚土著人乘坐独木舟到海里捕鱼,常常呈现一叶扁舟在海浪间穿行的景象。据考证,冲浪运动就是从木舟漂行演化而来的,这种活动受到了当地人的喜爱,捕鱼之余也将此作为玩乐方式,并将冲浪运动从澳大利亚传入欧洲和美国,而且 1962 年在澳大利亚曼利举办第一届世界冲浪锦标赛。冲浪现在是海滨地区的重要户外运动项目之一,目前全球大约有 8 000 万名冲浪爱好者和 1 500 万名冲浪运动员。

三、源自军事活动的户外运动

战争是残酷的,经常要求军人具备高水平的野外生存能力,并能够在户外开展高强度作战行动。军事活动与自然环境密切相关，所以第二次世界大战后一些军事活动方式变成户外运动项目，如目前比较流行的真人战争游戏（CS），要求参与者扮演不同的军人角色，身着各国军服或便服，佩戴护目镜等装备，手持以气体或电为动力的玩具枪支进行阵地攻防战、丛林遭遇战、拯救人质、保护政要、捉逃兵等模拟军事对抗的活动。大约在20世纪50年代，美国中西部牧场的牛仔们在管理牛群时，用压缩二氧化碳为动力的色弹枪，打到牲畜身上做记号。有了色弹枪，人可以不必冒险接近牲畜，而且还不会伤害到牲畜。后来牛仔们在闲暇时间用色弹枪在农场里模拟战争场景互相射击，被打中的人则必须买一箱啤酒，胜者以示庆祝。这种"生存者"游戏是CS真人战争游戏的雏形。现在CS被广泛应用于军事演习、拓展训练、夏令营、综合素质培训、团队游玩等多个领域。

除了模拟战争场景，军事活动中的一些行为方式也在战后被人们用来娱乐，如用舟筏漂行早就出现在因纽特人、印第安人和古代中国人的历史中，但真正将漂流变成一项运动项目是在第二次世界大战后，一些美国士兵发现退役的充气橡皮艇被闲置废弃，为了打发无聊的退役生活，他们购置了一批充气橡皮艇作为漂流工具在科罗拉多河上自娱自乐。现在漂流已经成为夏季旅游的明星产品，有些知名漂流景区高峰期每天接待漂流游客的数量超过1万人次。

跳伞运动也来自军事活动，具有较长的历史，但直到飞机和折叠背包式降落伞的出现，伞兵成为空军的重要兵种，经常发挥"神兵天降"的出奇制胜作用，跳伞运动才开始推广。这是一项参与者穿戴降落伞，乘飞机等航空器或登上高塔，从高空跳下，借助空气动力和降落伞的保护，在指定区域安全着陆的极限体育运动，被誉为"勇敢者的运动"。现代跳伞运动的平台包括飞机、高塔、烟筒、热气球、悬崖等多种高空平台，一些极限运动爱好者还能够表演旋转、翻筋斗、转向、传递接力棒等各种特技。

军事训练活动也引起了户外运动爱好者的兴趣。例如，军队经常需要在广阔而崎岖不平的山地上行军，穿越陌生的森林，只能依靠地图、指南针、星星等辨别方向，选择道路和越野行进，所以他们成为定向运动的先驱。"定向"二字首次出现在1886年，意思是在地图和指南针的帮助下，越过不被人所知的地带。后来定向运动被引入教育领域，如1918年瑞典的吉兰特在组织童军教育时设置了一次叫作"寻宝游戏"的内容，引起参加者的极大兴趣。现代定向运动已经发展成为一项竞技体育项目，利用一张详细精确的地图和指南针，按顺序到访地图上所指示的各个点标，以最短时间到达所有点标者获胜。由于定向运动组织方便,对参与者的智力、体力予以一定程度的挑战,所以各种水平的定向运动成为人们在户外经常开展的项目。

四、源自科考活动的户外运动

通过科学考察,人们不断探索大自然的奥秘,而科学家深入荒野,需要克服各种环境挑战,必须具备相应的技能,其中的部分活动方式变成了今天我们广泛开展的户外运动项目。据说 20 世纪 70 年代以前,冰壁攀登一直是登山家和科学家进行高山探险和科学考察中难以逾越的障碍,因为在攀登过程中若遇到冰壁或冰瀑则所有考察活动便功亏一篑。20 世纪 60 年代末,欧洲一些登山家和科学家针对这一难题,根据多年积累的经验发明了小冰镐附带锯齿状镐头以及带坚硬前刺的冰爪。许多登山者和科学家使用这些改进的新装备成功攀登上了冰壁或冰瀑,顺利完成了高山探险和科学考察。20 世纪 80 年代起,一些攀岩爱好者在寒冷的冬天尝试攀爬冰壁进行娱乐,发现其具有独特的魅力,之后攀冰逐渐成为一项户外运动项目。现在,攀冰已成为继滑雪、滑冰后又一项广受大众喜爱的冬季户外体育运动。

综上所述,在人类悠久的历史长河里,那些在人类生存和发展过程中起着重要作用的行为方式,何时演变成户外运动项目,现在我们很难确定,因为远古时代的信息难以全面而准确地获得。不过,根据现代户外运动项目的倒叙追踪,我们依然可以发现生活、生产、军事和科考为户外运动的诞生奠定了一定基础。当然,根据户外运动项目的特点,我们并不笃定户外运动只有上述四种来源,只是现有的材料信息能够比较充分地说明这四种起源关系,因为一次偶然发生的事故或意外,都有可能成为某个户外运动项目的源头。

第二节　山地类户外运动的发展历程

一、山地类户外运动项目发展概述

早期人类为了能在恶劣的自然环境中生存,在狩猎取食的过程中积累了识别方向的经验,进山采药掌握了丛林穿越、岩壁攀爬的技能,在这些人类活动中都能看到现代山地户外运动的影子,并在第二次世界大战结束后逐渐成为人们休闲娱乐的新方式，得到世界各国人们的喜爱和广泛参与。

山地户外运动于 2005 年 4 月成为国家体育总局批准的正式开展的第 100 项体育运动项目。同年，中国登山协会将山地户外运动界定为在自然山地进行的一组集体运动项目群，包括山地运动、峡谷运动、野外生存（含露营）以及荒漠运动。根据中国各省市登山协会章程中关于高山概念的海拔规定，3 500m 以上地区会使人出现明显的身体不适，即高原反应。所以我国目前普遍认可的山地户外运动是指在海拔 3 500m 以下地区开展的体育活动，具有一定的探险性，属于极限或亚极限运动范畴。

二、山地类户外运动项目的发展历程

（一）定向运动

定向运动是借助地图和指南针在规定的时间内，按照预定的顺序通过一系列检查点的运动。定向运动首先作为一个训练科目，兴起于军队。经过 130 余年的发展，运动形式由传统的长距离越野定向发展至现今的城市短距离定向。城市定向、城市公园定向、校园定向成了人们休闲健身的重要载体，比赛形式更加丰富，有长距离赛、中距离赛、短距离赛、接力赛、积分赛等。目前国际定向运动联合会（IOF）官方公布了四大类定向比赛：徒步定向（定向越野）、山地自行车定向、滑雪定向、轮椅定向。定向运动具有益智性、趣味性、探险性、适应性等特性，得到了全世界各个阶层人们的广泛喜爱和参与。

19 世纪末，欧洲北部斯堪的纳维亚半岛广阔而崎岖不平的土地上覆盖着一望无际的森林，散布着无数的湖泊。城镇、村庄稀疏散落，交通主要依靠那些隐匿在林中湖畔的弯曲小路。在这样的地理环境中生活，经常在斯堪的纳维亚半岛山林中行走的军人，便成了现代定向运动的先驱。在 1886 年瑞典军事科学院的卡尔伯格首次将这项运动命名为"定向"，是指"利用地图和指南针通过未知地域"。

第一次定向越野比赛于 1895 年在瑞典斯德哥尔摩和挪威奥斯陆的军营中举行，但 1897 年 10 月 31 日在挪威奥斯陆举行的世界上第一次定向越野公开赛，被视作定向运动诞生的标志。当时有 8 名运动员参赛，比赛采用 1∶3 000 的地图，线路总长为 10.5 km，总共设置了 3 个检查点，最后冠军耗时 1 小时 41 分 7 秒完成比赛。1899 年 2 月 6 日，在挪威特隆赫姆举行世界上第一次滑雪定向赛事，有 12 名参赛选手，比赛线路长 20 km，冠军耗时 2 小时 30 分 20 秒完成比赛。1900 年在瑞典举行了世界上第一次滑雪定向接力赛。开展定向运动不需要像其他体育项目那样在场地与器材上支付大量的费用，而且休闲性与实用性兼备，所以很快在民间流传开来。

随着经济型指南针的发明，定向运动在 20 世纪 30 年代得到快速发展。芬兰、挪威、瑞典等北欧国家成为推动定向运动发展的中坚力量，并很快向世界各地普及，而且定向运动逐渐从初期的单一运动形式发展为包括多种形式的比赛和娱乐项目。

1928 年，世界上第一家定向俱乐部——SKGothic 在瑞典成立，并在 1931 年举办了第一次全国锦标赛，同年首个国际性定向锦标赛在挪威举行，但只有挪威和瑞典两国代表队参赛。后来，挪威人成为推动定向运动的主力，并于 1943 年由驻扎在英格兰的挪威反抗军将定向运动带入英国。1948 年他们为定向比赛专门绘制了第一批专业地图，并在 1950 年成功绘制第一张彩色定向地图，用于当年 4 月 30 日举办的比赛。随着定向运动向多国发展，1945 年第一份定向运动杂志在芬兰出版。1946 年，瑞典、芬兰、挪威和丹麦四国成立了北欧定向联合会（NORD），随后推动定向运动相继进入加拿大、澳大利亚、德国和法国等地。

1961 年 5 月 21 日，为推动定向运动在世界范围内的普及和发展，国际定向运动联合会在丹麦首都哥本哈根成立，保加利亚、捷克斯洛伐克、丹麦、德意志联邦共和国、芬兰、德意志民主共和国、匈牙利、挪威、瑞典、瑞士 10 个国家成为创始成员国，并于 1962 年在挪威举办了第一届定向欧锦赛。

随后，世界各地纷纷举办定向运动赛事，如 1966 年第一届世界定向锦标赛在芬兰举行，1975 年第一届世界滑雪定向锦标赛在芬兰举办，1995 年世界公园定向循环赛创办，1998 年滑雪定向首次出现在冬季奥运会的正式比赛中，1999 年在俄罗斯举行了第一届世界滑雪定向大师赛和世界杯摩托车定向赛。定向运动作为一项能够使人们的体力、智力得到全面锻炼的户外运动项目，吸引了各个阶层、各个年龄段人们的广泛参与，在北欧的参与人数已经超过踢足球的人数。

香港是中国开展定向运动最早的地区，早在 1979 年就成立了"香港野外定向会"。按照国际定向运动标准，我国正式将定向运动作为一项体育活动开展训练和比赛是在 1983 年，同年 3 月中国人民解放军体育学院（广州）参照国际定向运动竞赛方法，在广州白云山举行了"定向越野试验比赛"，此后定向运动在我国快速发展。1985 年 9 月，深圳市成立"深圳市定向运动协会",并举办"港深杯野外定向 85"比赛,这是我国首次举办国际性定向运动比赛。进入 20 世纪 90 年代,定向运动得到我国官方认可。1991 年 12 月,国家体育运动委员会(简称国家体委)批准中国无线电运动协会下设中国定向运动委员会,我国也在次年 7 月成为国际定向运动联合会正式成员国。我国还举办了全国性的定向运动比赛,1994 年 9 月,由国家体委、国家教委、国家测绘局和总参军训部主办,中国定向运动委员会和中国测绘学会承办的全国首届定向运动锦标赛在北京怀柔举行,全国各省市 18 支代表队参赛。2002 年 5 月全国体育大会在四川绵阳举行,定向运动首次被正式列入比赛项目名单。定向运动还得到了教育部门的重视,1999 年,浙江省教育委员会发文,要求首先在全省大中学校开展定向运动,并把定向运动作为体育教学改革的重要内容列入大中学体育课程中。得益于国家政府部门对定向运动发展的重视,我国运动员在国际定向比赛中不断取得佳绩,2008 年 7 月 12—22 日,中国定向队在捷克斯洛伐克参加世界定向锦标赛获得了接力赛第 7 名的成绩;2019 年定向世界杯短距离决赛中国运动员郝双燕夺得了短距离女子组冠军。

(二)山地自行车

200 多年前,法国人发明了自行车,但直到 20 世纪 70 年代,山地自行车才在美国诞生,当时美国加州有一群酷爱自行车运动的爱好者,将自行车用来进行越野比赛。但普通自行车(细胎、结构不坚固)禁不起崎岖不平的山路的颠簸,而 20 世纪 30 年代的老式自行车(宽胎、单组齿轮)能够承受山地路面的考验,却难以上山。这些"发烧友"用卡车先将老式自行车运到山坡上,再从高处骑车而下,这就是山地自行车运动的雏形。

历史上出现了许多次自行车的改造创新,其中最著名的是美国加利福尼亚大学的学生斯科特。1953 年,他将车架、平车把、轮胎、变速器重新组装成了一辆自行车,称为"Woodsie Bike"。

1972 年,居住在美国加州库比蒂诺的年轻人纳什·马洪觉得在大街上骑自行车太危险,决定转往山上活动。为了增加自行车的性能,1973 年,他和朋友一起对宽胎脚踏车进行改装,包括在把手上加装了变速杆、变速器、鼓式刹车及摩托车用的刹车把。1974 年 12 月 1 日,他用改装过的山地车参加了在马连郡举办的"西岸单车越野公开赛"。纳什·马洪没想到因偶然机会参加的唯一一次自行车比赛,却对山地车的发展产生了深远影响。

1975 年夏天,盖瑞·费舍尔(Gary Fisher)以纳什·马洪的改装车为原型，继续开展改进工作，增强了车的上坡和下坡性能。在早期的山地车比赛中，这种山地车几乎包揽了所有比赛的冠军。如今，盖瑞·费舍尔和他改造的第一辆山地车已进入美国山地车协会名人堂。

1979 年，盖瑞·费舍尔和汤姆·瑞奇开始合作制造比赛专用山地车，并于 1980 年在加州上市首批成品，山地车开始成为自行车市场的新宠。在盖瑞·费舍尔等人的努力推动下，山地车运动很快风靡全美，继而推广到全球，成为深受户外活动爱好者青睐的运动项目。

随着山地自行车运动的发展，20 世纪 80 年代初，在美国加利福尼亚州举办了第一次山地自行车比赛。但国际自行车联盟官方认可的第一届世界山地自行车锦标赛于 1990 年举办，次年举办了首次世界杯比赛，并在 1996 年亚特兰大奥运会中成为正式比赛项目。目前，由国际自行车联盟公布的四大类山地自行车赛事包括越野绕圈赛（奥运会比赛项目）、超长越野赛、速降赛、四人越野赛。

中国在 20 世纪 90 年代初正式开展山地自行车运动，中国黄山（黟县）国际山地车节自 2006 年创办以来，现已发展成为国内规模最大的顶级业余自行车赛。2006 年任成远获得世界锦标赛 23 岁以下年龄组冠军，并在 2007 年山地自行车 XC0（越野绕圈赛，0 是最低级别）级世界杯比利时站，以 2 小时零 23 秒获得了女子组冠军，这也是中国选手首次在山地自行车世界杯比赛上获得冠军，标志着中国山地自行车运动步入新的发展阶段。2019 年，在黄山（黟县）又成功举办了第十四届国际山地车节。

（三）徒步

徒步运动最早可能出现在荷兰，发生在 1893 年，距今已有百年历史。徒步并不是通常意义上的散步，也不是体育竞赛中的竞走，而是指有目的地在城市郊区、农村或山野间进行中长距离的行走锻炼，不过分强调技巧和装备，是户外运动中最典型、最普遍的一种运动。

19 世纪末，城郊徒步已成为英国流行的休闲方式，生活在城市里的人们渴望通过徒步从严重的环境污染和日常的生活压力中解放出来。1935 年 1 月，英国漫步者协会成立，致力于争取徒步权利，改善郊区限制徒步的准入法律，并在 1949 年取得里程碑式的成效，促成地标国家公园和郊区准入法案，该法案要求将英格兰和威尔士的人行道记录在正式地图上，还为在英格兰和威尔士建立国家公园、国家步道和国家自然保护区奠定了基础。

20 世纪初，户外运动在欧美发达国家开始兴起。"徒步走"作为一项新兴的、集体育与休闲于一体的运动项目，在刚刚兴起之时，仅是少数人寻求刺激、挑战自身极限的游戏。但随着时间的推移和各国社会经济的发展，更多人渴望亲近自然，放松紧张的情绪，徒步运动由此逐步普及起来。例如，在德国，徒步已成为民众最喜爱的运动项目，建立了多种适合徒步的道路网，亲子徒步、休闲徒步、文化徒步、运动徒步都能找到适合的路线。

世界徒步协会于 1998 年在欧洲始创，总部现设在中国香港，同时在各大洲设有分支机构，各国设立了代表处。协会秉承"从众、自然、健康、和谐"的发展理念，致力于指导和组织全球性的徒步健走活动。

徒步运动进入亚洲的时间比较晚，而中国大约从 1998 年初开始，在北京、广州、上海等比较发达的城市出现了徒步运动。近年来，尤其是伴随着"全民健身"热潮的兴起，全国各地广泛出现了官方主办的群众性徒步活动。全国徒步大会自 2011 年在四川盐边举办以来，到 2018 年已成功地在全国 13 个省的 30 个地区举办了 49 站活动，徒步活动实现了活动项目与地方旅游特色产品、体育旅游及城市推广等各类资源的有效结合，推动了地方体育、旅游等各项事业健康、可持续发展，成为国家体育总局登山运动管理中心重点建设的年度大型系列活动品牌。

（四）滑草

滑草是使用履带用具在倾斜的草坡上滑行的运动，于 1960 年由德国人约瑟夫·凯瑟发明，其基本技术动作与滑雪相似。滑草最初作为滑雪运动员在雪季前的训练活动，在国家滑雪队夏季训练中被广泛采用。由于滑草运动符合新时代环保理念且具有能在春夏秋冬四季体验滑雪乐趣的独特魅力，颇受人们喜爱，从而形成了一项国际化的户外运动项目。如今的滑草板有塑料材质的，也有金属质地的，它的底部不像滑雪板那样平坦，而是装有与坦克类似的履带，根据滑行方式分为滑草器滑行或是滑草车滑行。

美国可能是除欧洲以外最早推广滑草运动的国家。1976 年美国电子专家费伦到欧洲旅行，时值夏季，在阿尔卑斯山麓，他发现一个滑雪教练正在指导他的队员们在草地上滑行，以训练高难度的滑雪技术，既安全又灵活。费伦不禁灵机一动："原来草地上也可以'滑雪'！"回国后，他便向其他人大力推荐："不必等到冬季来临，也不必四处寻找滑雪场地，新兴的滑草运动令你任何季节都可以在自家附近的草地上享受到滑雪乐趣。"在费伦不遗余力地宣传下，美国人渐渐接受并喜爱上了这项既富有情趣又有益健康的运动，并在东部的布赖思山区建设了第一批专用滑草场，接着加利福尼亚州的桑那市于 1981 年建成了一个为运动员专门设计的专用滑草运动场。很快，面积为 35 英亩（1 英亩=4 046.86 m^2）的标准滑草运动场遍布全美各州。

滑草运动的兴起促进了国际滑草团体的建设，20 世纪 70 年代欧美各国先后成立了滑草联盟，并相继在世界各地举办滑草比赛。1975 年世界滑草联盟（IGSV）成立，并先后举办了欧洲大赛、全美大赛等多个赛事，并于 1977 年在美国弗吉尼亚州举办了第一届世界杯锦标赛，从而确定了滑草运动作为世界大型体育运动的地位。1986 年 9 月，世界滑草联盟加入国际滑雪联盟（FIS），成立国际滑雪联盟滑草委员会，比赛规则参照高山滑雪项目。2018 年国际滑联公布的最新滑草赛事规程中包含的比赛项目有回转、大回转、超级大回转、平行回转、全能以及混合团体赛等。

目前，滑草运动盛行的国家及地区有奥地利、瑞士、意大利、法国、英国、德国、比利时、匈牙利、捷克斯洛伐克、土耳其、澳大利亚、美国、加拿大、巴西、南非和亚洲的日本、韩国以及中国台湾地区等，而且在日本已有了全国性的比赛，不仅促进了滑草运动的发展，也为各个滑草场培养了大批专业教练。

滑草运动于 20 世纪 90 年代初进入中国，广东、福建等地开始种植专用的草坪供滑行使用，使滑草运动进入了户外运动爱好者的视野，成为众多景区内备受欢迎的休闲体验项目。据不完全统计，自 1995 年福建省建成全国首个滑草场以来，目前中国在 24 个省、自治区、直辖市中，建有超过 100 个滑草场地，其中 2015 年建成的浙江衢州飞鸿滑草场是全国最大的滑草场地，占地达 600 亩（1 亩=666.67 m^2），有超过 30 个草地休闲娱乐项目。当前中国滑草运动主要以休闲娱乐为主，竞技赛事较少，专业运动员更是屈指可数。中国第一次派运动员参加世界滑草比赛是 2000 年 7 月在日本举行的世界青年滑草锦标赛。目前，北欧国家在竞技滑草运动中占有绝对优势，意大利、奥地利、捷克斯洛伐克等国的运动员在世界大赛中长期处于领军地位，但亚洲的日本、伊朗以及中国台湾地区运动员的竞技水平逐年提高，也在世界大赛中大放异彩。

（五）野外生存体验

野外生存是指在野外复杂的环境（山区、丛林、荒漠、高原、孤岛等）或人为营造的近似野外的环境中，在没有外部提供生命所赖以维持的物质条件下，依靠个人或集体，在较短时间内，保存和维持生命的基本手段与方法。

虽然现代野外生存体验活动脱胎于远古人类的生活行为，但二者不可同日而语。人们将这种方式作为一种训练和体验活动是在第二次世界大战以后。因为第二次世界大战期间盟军大西洋舰队遭遇德国潜艇袭击，生还者主要是年龄较大、经验丰富的老兵，这个现象引起了当时教育家库尔特·汉恩（Kurt Hahn）的注意。1941 年在劳伦斯·恩沃特（Lawrence Holt）的资助下，汉恩在英国创办了世界上第一所户外运动学校，即外展学校（Outward Bound School），训练年轻海员在海上及轮船触礁后的生存能力。

野外生存训练受到士兵、警察、消防员和工商界等社会各阶层人士的欢迎，并开始朝着两个方向发展：一种是一些组织行为学专家从这种培训模式里得到启发，采用仿自然环境，将这种军事生存训练内容用于培养人的综合素质，这就是现在流行的拓展训练；另一种发展方向是继续依托野外的自然环境，开展与野外生存相关的各种体验活动，主要包括野外穿越、野外宿营、野外觅食、野外联络、野外急救以及紧急救援等。

军队是推动野外生存体验活动的主要力量，如美国于 1965 年将野外生存生活训练列为军队正式训练课目。现在许多国家将野外生存纳入各级学校教育体系，如新西兰在健康与体育课程标准中加入了野外生存生活课程，认为这方面的教育能给学生发展社会技能、关注环境保护和促进身心健康带来诸多益处；日本将野外生存能力视为青少年必备的一种生活技能，在保健体育大纲中强调学生的体育课与大自然结合开展，建立了专门的训练基地来开展野营等活动；而美国户外领导力学校（NOLS）的成立旨在减少野外露营时对环境的破坏，拓展参与者户外求生及安全技能，注重团队互助，并致力于培养户外运动领导人才。野外教育协会（WEA）于 1977 年在西伊利诺伊大学成立，旨在倡导使用野外资源时，对环境应负起维护的责任，以提升野外活动的质量，并开发了配套课程，包括探险行为、环境伦理、旅行规划、历史与文化、装备、服装、食品、露营技巧、健康与卫生、航海、气候、紧急救护等。

中国早期开展野外生存活动的主要是从事地质、勘探、测量、林业等工作的人员。直至 20 世纪 80 年代，野外生存体验活动才首先在东部沿海城市兴起，并逐步在全国范围内推广，成为一种新的户外运动项目。1998 年中国地质大学正式开设野外生存体验课，野外生存活动正式进入我国高校教育体系。

（六）登山

登山运动是指在海拔超过 3 500 m（西藏自治区 5 000 m 以上）的地

方开展的登山探险运动。在登山过程中，往往需要借助一些攀登装备和器械，以克服各种恶劣的自然条件（如缺氧、低温、冰裂缝、暴风雪、冰壁等）登上顶峰为目标。这项运动的特别之处，不是登山者之间的竞技比拼，而是登山者与大自然的对话。攀登技术及装备的进步，使得这项仅由专业登山运动员参加的极限运动发展至面向社会大众开展的群众性体育活动。登山运动正展现出巨大的包容性，让每一位登山者认识自我、发展自我、突破自我。

瑞士科学家德·索修尔被认为是现代登山运动的发起人。1760年5月，为探索高山植物资源，渴望能有人帮他克服当时看来是不可逾越的险阻，即登上阿尔卑斯山顶峰（位于法国境内的勃朗峰，海拔4 810 m，为西欧第一高峰），他在阿尔卑斯山脚下的霞慕尼镇贴出一则告示：为了探明勃朗峰顶上的情况，凡能登上或提供登顶路线者，将以重金奖赏。直到26年后，一位霞慕尼镇的乡村医生捷·巴卡罗才揭下了这个告示，经过两个多月的准备，与当地山区水晶石采掘工人巴尔玛结伴，于1786年8月6日登顶勃朗峰，这是人类历史上首次登上西欧最高峰。次年，德·索修尔一行率领20余人，以巴尔玛为向导，于1787年8月3日上午11时再次登上了勃朗峰之巅，验证了捷·巴卡罗和巴尔玛的首登事实，由此揭开了现代登山运动的序幕。由于现代登山运动兴起于阿尔卑斯山区，故也被称为"阿尔卑斯运动"，1786年被作为现代登山运动的诞生年，而霞慕尼镇被称为登山运动的发源地，德·索修尔、巴尔玛等则被称为世界登山运动的创始人，得到了国际登山界的公认。现代登山运动的发展历史可分为阿尔卑斯黄金时代、喜马拉雅时代以及喜马拉雅黄金时代。由于攀登理念、攀登策略和攀登难度的不同，现代登山攀登方式主要有阿尔卑斯式、金字塔兵站式、交替上升式和商业攀登式。

（七）攀岩

攀岩是从现代登山运动派生出来的，采用攀登技术，借助装备作为保护或攀登的工具，通过克服地心引力，攀登自然岩壁或人工岩壁的运动。攀岩是一项极富技巧性、挑战性和观赏性的运动项目，素有"岩壁芭蕾"的美誉。攀爬方式可分为自由攀登、器械攀登、顶绳攀登、先锋攀登；根据竞赛项目可划分为难度攀岩、速度攀岩、攀石。近年来在国际赛场上开始出现全能赛，国内赛场除开展国际标准速度攀岩个人赛、团体接力赛外，还新增了随机赛道的速度攀岩个人赛、团体接力赛。攀岩于2017年首次入选全国运动会正式比赛项目，2018 年又首次亮相印尼雅加达亚洲运动会，并成为 2020 年东京奥运会的正式比赛项目。

攀岩作为人类探索自然、挑战极限的一种运动形式，最早可追溯至 17 世纪中期的欧洲。当时的登山者为了克服类似阿尔卑斯山等终年积雪的冰岩地形，逐步发展总结出一套系统的攀岩技术，但当时的技术与装备都相当粗简。例如，1865 年，英国登山家埃德瓦特首次使用钢锥、铁链和登山绳索等装备，成功攀上险峰，成为攀岩运动的创始人。1890 年，英国登山家阿尔伯特·马默里（Albert Mummery）又改进了攀登工具，发明了打楔用的钢锥、钢丝挂梯以及各种登山绳结，使攀岩技术发展到了更加成熟的阶段。直到第二次世界大战前后，因军队训练等的需要，才出现现代攀岩运动的雏形。

苏联最早提倡开展攀岩运动，并将其作为军事训练科目。1947 年，苏联成立了攀岩委员会，并在 1948 年举办了首届全国攀岩比赛，这也是世界上第一次攀岩比赛。当时的评判标准是在同样的条件下，以攀爬峭壁线路速度作为成绩评判标准，并在 20 世纪 70 年代初形成了一年一度定期举办的全国联赛。随后，攀岩运动开始在欧洲盛行，二十世纪六七十年代，欧洲举行了多次民间比赛。1974 年 9 月，苏联和捷克斯洛伐克的登山组织率先发起并举办了首届国际攀岩比赛，共有英、法、意、美、日等 12 个国家的 213 位运动员参赛。在成功举办此次大赛后，经苏联提议，国际攀登联合会（UIAA）决定，每两年举行一次国际攀岩比赛。此后各国攀岩的运动员技术水平不断提高，竞赛规则日益完善，各地的攀岩交流活动也越发活跃。

1985 年，法国人弗兰西斯·沙威格尼发明了可以自由装卸的仿自然人造岩壁，打破了攀岩运动场地的限制，而且人工岩壁比自然岩壁更安全可控，更易于赛事活动组织，更利于观众欣赏，对攀岩运动的推广具有里程碑意义。1987 年，国际攀登委员会规定正式的国际攀岩比赛必须在人工岩壁上举行，并于当年在法国举办了人工岩壁上的首届攀岩比赛。1989 年，由国际攀登联合会主办的首届世界杯攀岩系列赛在法国、英国、西班牙、意大利、保加利亚和苏联分段举行，运动员根据每站的得分，进行年度总排名，总成绩最好者为世界杯冠军得主。1991 年，国际攀登联合会在德国举办了首届世界攀岩锦标赛。同年，亚洲竞技攀登委员会在我国香港宣布正式成立，并于次年在韩国汉城（现首尔）举办了首届亚洲攀岩锦标赛，这标志着亚洲攀岩运动进入了一个新的发展阶段。

20 世纪 80 年代，中国登山协会在与日本山岳协会进行双边学习交流的过程中，开始将攀岩运动引入中国。1987 年，中国登山协会派出李致新、王勇峰等 8 人赴日本系统学习攀岩技术。1990 年，日本在北京国家登山队训练基地援建了中国第一块人工岩壁，并举办了首届人工岩壁攀岩比赛。1993 年 9 月，第一届全国攀岩锦标赛在吉林长春举行。此后，西藏、青海、新疆等地方协会逐渐开展攀岩运动，中国地质大学（武汉）、长春地质学院（现长春科技大学）、成都地质学院（现成都理工大学）等高校也开始选拔、培养有攀岩运动特长的学生。

1995 年，攀岩被国家体委列为中国正式开展的体育项目，标志着中国攀岩运动进入正规化的发展阶段。20 世纪 90 年代末，攀岩比赛陆续在全国各地开展，推动了各地攀岩俱乐部、攀岩场馆的建设。

在《外国人来华登山管理办法》正式公布实施后，国外攀岩爱好者也开始在中国开展攀岩运动，自 1990 年广西阳朔月亮山景区开辟第一条攀岩线路以来，陆续有国际攀岩爱好者来此开辟新线路，并带动了一大批国内攀岩爱好者，掀起了一阵攀岩热潮，使得阳朔成为攀岩胜地，吸引着全世界的攀岩爱好者一试身手。

1997 年，在北京举办的"郎酒杯"全国攀岩邀请赛是国内首次成功举办的商业比赛；1998 年，由中国登山协会组织的全国首届攀岩节在北京密云白河峡谷举行，依托民间力量，至今已开发了数百条攀登线路。2017 年 8 月中国首个攀岩特色小镇落户于广西马山，一期建设工程已开发 30 面岩壁共 553 条攀岩线路，建有 6 条登山栈道、9 个攀岩平台，仅 2018 年国庆节期间，就迎来了 4.3 万人次前往体验和观光，极大地推动了攀岩运动的大众化发展。

在攀岩运动大众化发展阶段，中国竞技攀岩也快速发展。2000 年，为备战亚洲青年攀岩锦标赛，中国登山协会首次组建国家青年攀岩集训队，次年组建了国家攀岩集训队。2004 年，在湖州举办的世界杯分站赛女子攀石项目上，黄丽萍代表中国队首次闯入该项目的决赛。同年在上海举办的世界杯分站赛男子速度项目上，陈小捷夺得了中国首个世界攀岩冠军。2005 年，在上海举办的世界杯分站赛男子难度项目上，刘常忠代表中国首次闯入该项目决赛。2015 年，钟齐鑫获得速度攀岩世界杯的年终总冠军，成为世界攀岩运动领域唯一的大满贯获得者，并多次打破速度攀岩的世界纪录，结束了欧美运动员对攀岩运动桂冠的长期垄断。2018 年在印尼雅加达亚运会上，该项目被首次设立为正式比赛项目，中国攀岩队在速度攀岩项目上获得了 2 银 3 铜的成绩。目前，中国速度攀岩项目已达到世界一流水平，但难度攀岩以及攀石项目的水平与世界强队仍存在一定差距。

第三节　冰雪类户外运动的发展历程

一、冰雪类户外运动发展概述

冰雪作为大自然赋予北方寒冷地区特有的资源，生活在那里的人们为了生存与发展，不断探索与适应冰雪的特性，取得了在冰上、雪上活动的自由权之后，创造出了很多不朽的冰雪运动文化，使它成为北方人们生活中的重要内容。冰雪运动是指人类在寒冷的环境中（气温一般在 0 ℃以下），依托冰雪所从事的体育运动。它的历史悠久，早在几万年前人们处在被动适应自然环境时，人们就将冰雪与人类的生产生活结合起来，发明了原始滑雪板、雪橇等。后来，人类不断拓展冰雪运动的功能，不仅将其用于生产、生活，还用于军事。

随着社会的发展和进步，冰雪运动逐步从实用功能发展成为包括娱乐、休闲和竞技功能的体育运动。如今，冰雪运动在世界体育文化中占有重要地位，成为北方地区冬季群众体育、竞技体育和体育文化的重要组成部分。

中华民族自古便与冰雪有着不解之缘，在漫长的历史进程中，中国人不仅学会了抵御冰雪的严寒，更学会了利用冰雪、观赏冰雪、嬉戏冰雪。近代冰雪运动是从中华人民共和国成立后开始的，在"发展体育运动、增强人民体质"的方针指导下，冰雪运动开始在东北、华北和西北等有条件的地区开展起来，各地纷纷举办冰雪运动赛事和群众活动。随着冰雪运动"南展西扩"战略的推进，中国开展冰雪活动的地域不断扩展，冰雪活动类型日益丰富，参与人数迅速增多，成为冬季体育活动的热门选择。

二、冰上户外运动项目的发展历程

冰上运动是借助冰刀或其他器材，在天然或人工冰场上滑行的体育运动。人类最早的冰上运动可追溯到远古新石器时代。据考证，较早关于冰上运动的历史信息出现在荷兰，当时人们以木制的爬犁作为冰面上的运输工具。后来，更易于滑行的兽骨替代了木头作为冰雪滑行工具，荷兰人将马骨磨成光滑的底面，用皮带将两头钻孔并打磨后的马骨绑在鞋上，借助手杖支撑滑行，这就是人类最原始的冰上滑行工具——骨制冰刀。虽然这些活动在当时只是一种游戏或简单的交通形式，但却为现代冰上运动的形成奠定了基础。

现代冰上运动包括滑冰、花样滑冰、冰球、冰壶、攀冰等，其中滑冰以竞速为目的，主要展示运动员在冰面上高速度滑行的能力。而花样滑冰、冰球、冰壶、攀冰等则是以表现冰上运动技巧为主，充分展现运动员在冰上创造的高难度运动技能，这些技能浓缩了人类几千年来征服和运用冰面开展活动的经验和实践成果，集聚着人类在冰面上争夺活动自由权的智慧。

（一）滑冰

滑冰是人们利用冰刀在冰上滑行的冬季运动项目，也是一项比较古老的冰上运动。据史料记载，公元11—12世纪的荷兰、英国、瑞士以及斯堪的纳维亚半岛的一些国家中就有人用脚绑兽骨、手持尖木棍在冰面上滑行。大约在公元1250年，荷兰人发明了铁制冰刀，使用这种冰刀比兽骨绑在鞋上滑行快很多，所以很快盛行于荷兰和欧洲的其他国家。大约200年后的1452年，瑞典人在战争中使用了滑雪技术，而1719年挪威组建了世界上第一支滑雪部队。

中国很早就有滑冰活动，早在隋唐时期（公元581年—公元907年），一些北方少数民族就掌握了滑冰技巧。考古发现中国最早的冰刀是用牲畜胫骨制作的，主要采用马骨。随着科技水平的提高，后来出现了木制的冰鞋和镶铁木制冰鞋。到了清朝后期，中国出现了铁制冰刀。滑冰运动的形式也不断创新，唐代女真族曾使用过一种用于滑行的"竹马"。这种"竹马"在冰上滑行速度快，也很省力，使用方法是人站在"竹马"上，手握一根曲棍，用力一撑就可以向前滑行十几米。

冰上滑行在宋朝（公元960年）不仅成为交通和狩猎的手段，而且发展成为以"冰嬉"为主要内容的滑冰运动，如《宋史·礼志》记载：皇上"幸后苑观花，作冰嬉"。"冰嬉"，还有些古籍也称它为"冰戏"，即人们现在所说的滑冰。到了清朝，滑冰运动有了很大的发展，"冰嬉"成为民俗，是人们冬季的一项休闲娱乐项目，同时也把滑冰用于军事，作为军队训练的手段。清代的冰上运动大致有速度滑冰、花样滑冰、冰上足球、冰上抛球、冰上射天球及冰上摔跤等。当时清朝把速滑分为"官趟子八式"，即初手式、小晃荡式、大晃荡式、扁弯子式、大弯子式、大外刃式、跑冰式和背手跑冰式。此后，中国滑冰运动一直在民间流传，直到中华人民共和国成立，才迎来蓬勃发展的时期。

西方的滑冰运动起源于西欧和北欧，如 12 世纪英国的一位修道士斯特凡钮斯（Stfanius）在《名城伦敦编年史》中的描写：……青年人成群结队地跑到冰上，一些人迈着大步伐快速溜进，还有一些人脚上则绑着动物的膝骨，手持带尖的木棍，不时地用力撑在冰面向前滑行，所滑速度之快，就像鸟儿在空中飞。类似的记载，在英国的手抄文献、荷兰的古雕刻画、斯堪的纳维亚的叙述文学以及瑞士的古文献中都有发现。尽管当时这些活动是人们在冬季的一种游戏，或者说是人们在冰上的一种交通方式，但却孕育了现代的冰上运动。

欧洲早期的一些画作中，也出现过滑冰情形，如 1498 年有一部以滑冰为主题的艺术作品，它反映了 15 岁的利德维娜在滑冰时不慎摔断肋骨的情景。这幅画的另一个重要信息是在背景中有一名正在滑行的男士，可见当时该男士穿的溜冰鞋貌似已有现代溜冰鞋的锋利冰刀。亨德里克·阿维坎普 1608 年创作的《冬天滑冰的风景》中则展现了一派全民滑冰的景象，这意味着当时滑冰已经是一项人们在冬季广泛参加的体育活动。

据考证，荷兰可能是滑冰运动的起源地，起初人们为了适应冰上行动使用爬犁，这在 12 世纪的"滑木"考证中得以证实。后来人们在实践中发现，"骨"比"木"更易于冰面滑行，于是开始利用动物的骨头制作冰上滑行工具，如将马腿胫骨磨成光滑的滑块。即使在今天的荷兰语中，仍将冰刀与胫骨视为同一词，但那时的滑冰尚需借助"木杖"来撑地滑行，其主要是一种交通运输手段。直到公元 1250 年左右，铁制冰刀出现，滑冰才变得容易起来，当时荷兰出版的一些图书中对冰刀的结构和形状都有描述。这种铁制冰刀很快便盛行于荷兰和欧洲其他国家。1572 年，苏格兰人发明了第一双"全铁制冰刀"，这是现代冰刀的起始的标志。

随着社会生产力的发展以及人们业余生活的需要，滑冰运动由早期简单的冰上滑行演变为多种运动类型（如速度滑冰、花样滑冰、短道速度滑冰等）。最早的速滑比赛于 1676 年在荷兰运河上举行，比赛形式是运动员从一个城镇滑到另一个城镇，后来逐渐由长途滑行赛演变为环城赛。由于在城市中举行直线滑行比赛不便观看，冰场逐渐演变为"U"形，最初距离为 160～200 m，最后形成了现代速滑比赛所使用的封闭式椭圆形 400 m 标准跑道。英国于 18 世纪在爱丁堡创立了第一个滑冰俱乐部，并在 1763 年首次举行 15 mi（1mi=1 609.34 m）的速度滑冰比赛。

18 世纪末，人们制作出一种前后呈曲线状，边缘磨成空槽的冰刀，这在当时是较为先进的装备。到 19 世纪初，人们开始把冰刀固定在皮鞋的后跟部，这样就可以在冰上自如地滑行了。19 世纪中后叶，随着世界经济的发展，为了加强国际的文化交流，多种形式的滑冰比赛被举办，推动了冰上运动的发展，也促进了滑冰鞋制造技术的改进，如 1848 年，一个名叫布什纳尔（Bushnell）的美国人制作了一种用夹子完全固定在皮鞋上的钢质冰刀，从而拉开了现代滑冰运动的序幕。随后，另外一个名叫杰克逊·汉恩斯的美国滑冰爱好者改进了这种冰鞋，用螺丝钉直接把冰刀固定在鞋底上，后来又不断改进，变成了现在所穿的滑冰鞋样式。

1885 年，第一次国际速度滑冰比赛在德国汉堡举行。此后，类似的国际比赛在挪威的奥斯陆和德国汉堡又多次举行。针对比赛中发现的问题，1888 年荷兰人提出的双滑道，即两人一组同时出发以及设立短、中、长距离比赛项目的建议被采纳。根据该建议，荷兰和英国合作制定了一个比赛规则，翌年在荷兰的阿姆斯特丹举行的世界冠军赛首次使用此规则。随着国际比赛的频繁举行，各国又相继成立了滑冰协会，并于 1892 年在荷兰鹿特丹北部的斯海弗宁恩召开了第一届国际滑冰联盟代表大会，选举产生国际滑冰联盟组织机构，在该组织的领导下，1893 年第一届世界男子速滑锦标赛在阿姆斯特丹举行，然而 1924 年速度滑冰才被正式列为冬奥会比赛项目。但直到 1936 年才举办第一届世界女子速滑锦标赛。

1876 年，英国伦敦建立了第一个用机器冰冻的人工冰场，但因为没有解决好湿度问题，冰场仅存在几个月后就关闭了。19 世纪 80 年代，加拿大修建室内冰球场，一些速度滑冰爱好者经常到室内冰球场进行练习或比赛。此后又过了近 20 年的时间，人们解决了室内人工冰场的湿度问题，人工冰场的数量开始迅速增加。到了 19 世纪 90 年代中期，加拿大的蒙特利尔、魁北克、温尼伯等城市相继出现室内速度滑冰比赛，并于 1905 年在加拿大首次举行全国短道速滑锦标赛，随后逐渐在欧美国家广泛开展。1976 年首次在美国伊利诺伊州的尚佩恩举行国际短道速滑赛，1981 年起，开始举办世界短道速滑锦标赛。2022 年北京冬奥会短道速滑项目中，中国队夺得两枚金牌。

（二）花样滑冰

12 世纪初，一位名叫费茨·斯蒂芬的英国人曾经在他的文章中这样写："一群年轻人在小河的冰面上滑着，他们滑行动作敏捷，有如离弦之箭，如同鸟儿在飞翔。"尽管当时的滑行动作较简单，但已呈现花样滑冰的雏形。大约在 13 世纪，花样滑冰得到了较快的发展，并在欧洲广为流行。一些上层社会的人士开始享受花样滑冰带来的乐趣。例如，一位法国驻荷兰大使曾在写给路易十四国王的报告中这样描述："……奥林姬公主殿下和一群身着华贵服饰的女士们，脚穿冰鞋，在冰上来回滑行，有时还做着高抬腿的花样滑冰动作，令人感到十分新奇……"英国国王查理二世，也曾在凯瑟琳王妃的陪同下，乘坐雪橇，兴高采烈地观看在泰晤士河上举办的盛大的化妆冰上表演，场面十分壮观。

现代花样滑冰最早流传于荷兰。1683 年在英国伦敦泰晤士河举行盛大马戏表演时，荷兰人表演的滑冰技艺，给英国国王和观众留下了深刻印象，使得花样滑冰在英国上层社会迅速兴起。他们身着大礼服，在音乐的伴奏下，在冰上滑出各种不同的花样图形，颇有绅士风度。花样滑冰虽在荷兰兴起，但英国人却将其发展成为一种时尚体育运动。

与此同时，花样滑冰运动开始在美国兴起，一幅 1860 年的彩色石版画描绘了费城当年冬季结冰的斯库尔基尔河，人们到冰面上滑冰的情景，从画中可见当时滑冰爱好者较多，冰面上甚是热闹。这个时期美国滑冰爱好者杰克逊·海恩斯首次将花样滑冰技巧动作与优美的华尔兹舞曲相配合进行表演，取得了良好的艺术和表演效果，给人们留下了深刻印象，他的这一创举为现代花样滑冰开创了一个新的范例。

从 19 世纪 70 年代开始，各种花样滑冰比赛相继举行，如 1872 年，世界上第一次花样滑冰比赛在奥地利举行；1882 年，在维也纳出现双人花样滑冰；1892 年，国际滑冰联盟成立，随后于 1896 年在俄国的圣彼得堡举行了第一届世界男子单人花样滑冰锦标赛。从 1896 年开始每年举办一次世界花样滑冰锦标赛，不久后花样滑冰也成为冬季奥运会的正式比赛项目。

20 世纪 30 年代初，一个新的花样滑冰项目——冰上舞蹈，在英国出现，由一对男女伴随着音乐的节奏在冰上进行一些舞蹈步法和舞姿滑行的表演。经过多年演变，这项运动已经超出了花样滑冰的范围，它偏重舞步，强调用动作表达音乐。

1937 年英国举办首届冰上舞蹈锦标赛，从 1949 年起这项运动被单列为比赛项目。因此，目前设置的冬季奥运会花样滑冰比赛项目共有四个，分为三大类：单人滑（分男子和女子两项）、双人滑与冰上舞蹈。

中国花样滑冰也有较长的历史，清代的冰嬉选手们在滑冰的过程中，还要不时来上几段"杂技"，以示其技巧娴熟，这就有些类似于现代的花样滑冰了。其实清朝的"太液池冬月表演冰嬉"就是一种花样滑冰，而且每年冬天，皇帝都要在太液池上检阅八旗的冰上表演。宫廷画家张为邦、姚文翰曾把这个壮观场面绘制成了一幅《冰嬉图》。从中可以看到，当时表演的花样滑冰动作有大蝎子、金鸡独立、哪吒闹海、双飞燕、千斤坠等样式，还有杂技形式的弄幡、爬竿、冰上射箭、冰上踢足球等。从某种程度上来说，当时的冰嬉技艺比现在的花样滑冰技术动作还要丰富。2022 年北京冬奥会花样滑冰双人滑比赛中，中国组合隋文静和韩聪夺得了金牌。

（三）冰球

早在 300 多年前，世界上就有了不同形式的冰上球类活动，如荷兰的"科尔芬"、北美的"欣尼"、俄国的"冰上曲棍球"、北欧的"班迪"以及中国的"冰上蹴鞠"。由于当时这些国家的社会制度、经济基础、民族特点和人民生活方式等的不同，所以早期冰上球类活动各有特色。

在中国东北地区，早就有冰上"蹴鞠"的活动，它最初的名字叫"踢形头"，是满族人入关前很盛行的一种冰上运动。"形头"是用兽皮缝制而成的圆形物，里面装着柔软的东西，大小同现在的足球差不多，"踢形头"是以将形头踢入对方防线内的数量来确定胜负。这种古老的运动源于满族先人的狩猎活动，那时候他们经常将猎物的皮剥下来，缝成圆球用来踢打并分出胜负。为了保持八旗部队强大的作战能力，清朝历代皇帝都十分重视冰上运动，"踢形头"是必不可少的比赛项目。比赛前，八旗士兵分成红、黄两队。分旗门，叫作"分棚"。每队数十人，比赛开始前，双方队员在球场中央列队站好，御前侍卫用力将球抛向空中，球由最高点下落，不等羊皮球着地，双方队员奋力争球。比赛以球射入对方旗门多者为胜。场上队员为了在冰面上奔跑，穿着特制的带铁齿铁条的冰鞋，主要是用手抢、接、抛、掷，也可用脚踢，所以又叫"冰上蹴鞠"。

现代冰球运动起源于 19 世纪中叶的加拿大金斯顿（Kingston）地区。据记载，在英、法移民和英国殖民主义者到达加拿大以前，当地的印第安人早就在冰上开展这项运动了，没有规定的场地、球门，参与者手持球杆，脚穿冰刀鞋，在江河的冰面上做追逐、抢截等动作，并将木片球射入对手门内以争胜负。后来，英国对北美洲实行殖民统治，英国驻加拿大士兵受印第安人的启发，在闲暇之余，常常在冰上打罐头盒玩儿，这是现代冰球运动的雏形。

正当各国冰上运动开始兴起时，加拿大留学生乌·罗伯逊把在英国学习期间了解的曲棍球打法用于冰上活动，并结合印第安人的"拉克罗斯"

球的特点，创立了一种新型的冰上运动。加拿大早期的冰球比赛没有统一的比赛规则，也缺乏严格的组织，参加比赛的人数不限，最多时每队达 30 人，而且裁判可由运动员挑选，并随意更换，所以场面比较混乱。直到 1875 年 3 月，一位在加拿大从事工业规划名叫克瑞顿的冰球爱好者才在蒙特利尔冰场组织了一次带有竞赛规则的比赛，当时规定双方各上场 9 名队员，其中守门员 1 人，后卫、前卫各 2 人，前锋 4 人。4 年后，蒙特利尔麦吉尔大学的罗伯逊（W. F. Robertson）教授和史密斯（R. F. Smith）教授共同制定了一份正式的比赛规则，将比赛人数限定为每队 9 人。1885 年，蒙特利尔的一些冰球爱好者发起组织了"加拿大业余冰球协会"，并将参赛人数由每队 9 人改为 7 人。到 19 世纪 90 年代，冰球运动席卷加拿大，冰球队和冰球俱乐部不断涌现，直达西海岸。冰球运动爱好者既有学生、市民和商人，也有士兵和政府官员，而且出现了室内冰球场，所以冰球也有"加拿大球"之称。

19 世纪末期，冰球运动开始向世界各地传播，其中 1896 年美国第一个冰球团队在纽约创立，1902 年欧洲的第一个冰球俱乐部在瑞士莱萨旺诞生。1908 年国际冰球联合会在巴黎成立，总部设在奥地利首都维也纳。1920 年冰球运动在第七届奥运会上被列为比赛项目，并于 1924 年在法国举行的第一届冬季奥运会上进行正式比赛，结果加拿大队以绝对优势获得冠军。直到 1954 年苏联冰球队获得第 21 届世界冰球锦标赛冠军才打破了加拿大冰球运动员统治世界冰球运动的局面。

女子冰球运动开始于 19 世纪 60 年代，首次女子冰球比赛于 1892 年在加拿大安大略省举行，而首次国际女子冰球比赛于 1916 年在美国俄亥俄州克利夫兰市举行，但只有美国和加拿大派队参赛。后来由于政治、经济等方面的原因，直到 20 世纪 60 年代女子冰球运动才逐渐得到重视。1988 年国际冰球联合会决定从 1990 年开始，每两年举办一次世界女子冰球锦标赛（从 1999 年开始改为每年一次）。随着女子冰球运动的发展，1993 年国际奥委会决定从 1998 年开始将女子冰球列为冬奥会比赛项目。2022 年北京冬季奥运会冰球比赛在国家体育馆及五棵松体育中心举行。

（四）冰壶

冰壶又称"掷冰壶""冰上溜石"，是以队为单位在冰上进行的一种投掷性运动项目，是一项体力与智力相结合、趣味性很强的户外运动，大约有 500 年的历史。最早的史料来自苏格兰，人们在苏格兰都布莱恩市一个干涸的池塘中发现一块砥石（冰壶），砥石明显经过精心打磨略呈方形，并且砥石的一侧有用来抓握的沟槽，相当于现代冰壶的壶柄。最重要的是上面刻有 1511 年以及所有者的名字等字样，这是迄今世界上发现最早的冰壶。此外，苏格兰佩斯利修道院于 1541 年 2 月就记录了人们在冰面上使用石头展开竞争的游戏，这是迄今为止最早的有关冰壶比赛的文字记载。例如，1740 年 2 月 23 日在《伊普斯维奇》杂志第 2 页刊登了一则冰壶比赛通告，油画《投壶者》就是反映当时苏格兰人开展冰壶运动的场景。欧洲的古代艺术作品也描绘了类似冰壶运动的场景，如彼得·布鲁格尔（Pieter Bruegel）在 1565 年完成的油画《雪中狩猎》和《冬景》中记录了人们在冬季结冻的冰上进行活动的场面，参与者在冰面上向目标点投掷一圆形物体，并随物体一起滑行，这项游戏近似于现代的冰壶运动。到了 18 世纪，第一个冰上溜石俱乐部在苏格兰创立（1795 年），而且 1838 年苏格兰冰上溜石俱乐部制定了第一个正式比赛规则，推动冰壶成为一项体育比赛项目。

随着英国人移居新大陆，冰壶运动来到了北美。1807 年，北美第一个冰壶俱乐部——皇家曼垂尔冰壶俱乐部在加拿大成立。从开始引进，到经过几个时期的发展，加拿大的冰壶运动普及程度非常高，随处可见冰壶俱乐部。现在冰壶运动已成为加拿大人冬季生活的一部分。每年冬天，有几百万加拿大人参加这项古老的运动，这一数目相当于世界上所有其他国家和地区参加冰壶运动人数的总和。加拿大最知名的全国冰壶比赛是布莱尔男子冰壶锦标赛，现场观众约 30 万人，电视观众超过 400 万人。美国是加拿大的邻国，与加拿大接壤的北方地区其冰壶运动也很普及。早在 19 世纪 30 年代，美国就出现了冰壶俱乐部，之后冰壶运动在美国大城市如雨后春笋般地发展起来。二十世纪五六十年代，美国冰壶运动的发展到达顶峰，几乎北方所有的州都开展了冰壶运动，并且成立了国家和地方冰壶协会。1957 年在芝加哥举办了第一届美国男子冰壶锦标赛，电视台对比赛过程进行了电视转播，吸引了众多观众。

20 世纪初，通过加拿大冰壶爱好者的努力，这项运动的比赛规则和方法逐步完善，并逐渐由室外转入室内，并于 1927 年首次举办全国冰上溜石比赛。而首届世界冰上溜石锦标赛始于 1959 年，举办最初被称为"苏格兰威士忌杯赛"，1968 年改称为"加拿大银扫帚锦标赛"，1986 年正式定名为"世界冰上溜石锦标赛"，并于 1979 年起举行世界女子冰上溜石锦标赛。

1924 年，冰壶首次以表演项目的形式在奥运会上亮相，随后于 1932 年、1936 年、1964 年、1968 年、1992 年 5 次被列为冬奥会表演项目。期间，1966 年国际冰上溜石联合会成立，1991 年改名为"世界冰上溜石联合会"，同时获得了国际奥委会的承认。1993 年国际奥委会决定，从 1998 年开始，冰上溜石被列为了冬奥会正式比赛项目。在此期间，冰壶运动于 1955 年传入亚洲，并从第五届亚冬会开始被列为正式比赛项目。

冰壶运动自出现以后，以其自身的独特魅力，很快在欧洲和北美发展起来。20 世纪中后期，冰壶项目来到亚洲，日本、韩国冰壶项目开始发展。中国冰壶运动发展得比较晚，但成绩迅速提高，我国冰壶运动员很快登上了世界冰壶大赛领奖台，受到世界的瞩目。截至目前，世界上有五个洲的国家和地区开展冰壶运动。2022 年北京冬季奥运会冰壶比赛是 2022 年北京冬季奥运会的一个比赛项目，在北京赛区的国家游泳中心进行。

（五）攀冰

攀冰是从攀岩运动中衍生出来的一项冰上运动项目，被人们喻为"冰瀑上的华尔兹"，是攀登高山、雪山的必备技能。攀冰运动在欧洲、北美及亚洲的韩国、日本等地是一项与滑雪、滑冰一样流行的冬季运动项目，而且越来越多的人参与到这项冬季运动之中。这项运动发源于 18 世纪的英国。20 世纪 70 年代以前，冰壁攀登一直是登山探险中难以逾越的障碍，许多登山家就因为在攀登过程中遇到冰壁而功亏一篑。20 世纪 60 年代末，欧洲一些登山者针对这个难题，根据多年积累的经验发明了附带锯齿的小镐头以及带坚硬前刺的冰爪。许多登山者使用这些新装备到处寻找冰壁进行攀登，在他们攀登冰壁的同时进一步改进装备和技术，像美国的伊冯·乔内里、杰夫·洛、格里格·洛，已成为现代攀冰的代名词。现代攀冰技术被欧洲的登山家和到欧洲攀冰的美国登山家推向了一个新的台阶，他们开创了许多非常艰险的攀登路线，并促使 20 世纪 90 年代攀冰比赛风靡欧洲和北美的许多国家。

1998 年北京开始出现攀冰活动，主要是外国人和一些旅居国外的华人在密云山区活动，他们每年冬天都到北京攀冰，开启了中国攀冰运动的序幕。1999 年第一届全国攀冰锦标赛在龙庆峡举行，2019 亚泰杯全国攀冰锦标赛在长春市莲花山主题驿站攀冰基地开幕。目前，中国攀冰运动还处于发展阶段，正吸引越来越多的人参与其中。

三、雪上户外运动项目的发展历程

雪上户外运动是指借助于滑雪工具（如滑雪板、雪橇、雪车等）在雪地上滑行的运动项目。目前，国内外广泛开展的雪上户外运动项目主要有两大类：一类是借助于滑雪板进行的雪上运动，此类运动包括越野滑雪、高山滑雪、滑板滑雪、雪地探险、单板滑雪、滑雪定向等；另一类是借助于雪橇、雪车等工具进行的雪上运动，此类运动包括狗拉雪橇等。

（一）滑雪

滑雪运动是指人基本呈站立姿态，双脚各踏一只滑雪板（或双脚共同踏一只较宽的滑雪板），双手各持一只滑雪杖（或双手共持一只滑雪杖或双手不持滑雪杖），在雪面上滑行（或再辅以其他形体动作）的体育运动。史料记载的滑雪活动最早出现在挪威，距今有 4 000 多年的历史。大概在公元前 2500 年，瑞典中部出现了最早的滑雪板，而早期挪威北部的岩画里出现了滑雪者的形象，如大约公元前 1 000 年的挪威阿尔塔地区出现了滑雪狩猎者。文学作品中同样可以找到古代滑雪运动的信息，早在 2 000 年前古罗马诗人维吉尔的叙事诗《埃涅伊德》中就提到过北欧滑雪的情况。随着时代的变迁，由于滑雪贴近自然、贴近生活，已成为冬季最受人们欢迎的休闲运动之一。

滑雪运动的演化得益于阿尔卑斯山脉一带的欧洲人，而真正意义上的滑雪运动起源于现在的斯堪的纳维亚地区。由于该地区每年最少有 8 个月覆盖着厚厚的积雪，所以居住在那里的人们（有些人被称为"萨摩斯岛人"）发明了一种行走方式，即用带子将木板绑在脚上，防止双脚陷入雪中，而"ski（滑雪板）"这个词起源于古挪威的"skith"一词，表示劈开一片木材。挪威的神话故事将 UII 称为"滑雪之神"，将 skade 称为"滑雪和打猎的女神"。在这个地区，滑雪实际上是捕鱼、打猎和谋生采用的一种交通手段。

1721 年，在挪威军队里成立了滑雪组织，12 年后，当地男性必须掌握基本的滑雪技能，士兵一般都在鞋后跟捆上皮革，这是原始的滑雪制动装置，用来在下坡时防止自己的滑雪板脱落。但是这样的捆绑有时候还是太松，不能确保对滑雪板的有效控制，所以滑雪杖应运而生，它在下坡路段可以起到刹车的作用，而在平坦的路段则可以作为加速器。滑雪运动在挪威的发展，促使最早的滑雪书籍、滑雪俱乐部和滑雪部队都出现在挪威。

滑雪运动在中国的历史悠久，根据日本札幌市冬季运动博物馆所藏资料、俄罗斯滑雪教材中关于滑雪起源的讲述以及中国第一任滑雪协会主席刘永年先生 1994 年所撰写的《新疆阿尔泰地域是人类滑雪发祥地之一》等显示，阿勒泰地域的丁灵族在远古就有滑雪活动，而且是人类最早的滑雪活动，在当地发现的古代滑雪板，距今已有 6 000 多年的历史。中国最早有文字记录的滑雪活动可追溯到隋唐时代，见于《隋书》，其中《室韦传》载："射猎为务，食肉衣皮。……地多积雪，惧陷坑井，骑木而行。"也就是说，室韦族以打猎为生，食动物的肉，以其皮毛做衣服。那里地面积雪深广，人们走路时怕掉进陷阱、陷坑，于是便"骑木而行"，就是指我们今天所说的滑雪。此外，中国东北和西北地区的鄂伦春族、赫哲族和哈萨克族等民族，也早就掌握了滑雪技术。我国古代人们在 300 年前制造和使用的滑雪板及滑雪方法已近似于现代滑雪。由于受到社会、经济、战乱、地理、地貌、气候等多方面的限制，在漫长的历史进程中，中国古代的滑雪运动并没有得到很好的传播和推广，未能演化成近代滑雪运动。中国近代滑雪运动开展较晚，20 世纪 30 年代初期才出现在北方部分地区。

（二）越野滑雪

越野滑雪是以滑雪板和滑雪杖为工具，运用登山、滑降、转弯、滑行等基本技术，在丘陵起伏的山地滑行的一种雪上运动项目，又称为"长距离滑雪、北欧滑雪、徒步滑雪、雪上游戏滑雪"等。这是一项古老的运动，起源于北欧，故又称"北欧滑雪"。当地的维京人在 10 世纪时就在山野中用滑雪的方式进行运输。这种利用滑雪板在林中穿行的活动就是越野滑雪的早期形态。到了中世纪，越野滑雪逐渐被应用于军事。据记载，1226 年挪威内战时期，两名被称为"桦木腿"的侦察兵，怀藏两岁的国王哈康四世，滑雪翻越高山，摆脱了敌人追踪。现在挪威还每年举行越野马拉松滑雪赛，距离为 35mi（1mi=1 609.344m），与当年侦察兵所滑路程相同。

直到 19 世纪，越野滑雪仍然是北欧地区居民在冬季广泛采用的一种活动方式，如今该地区很多国家，像挪威、瑞典、芬兰、爱沙尼亚和拉脱维亚都是传统的越野滑雪强国。相较而言，越野滑雪在北美地区开展得比较迟，大约在 19 世纪 50 年代才由瑞典和挪威的移民引入。汤普森被称为"穿雪鞋的邮差"，他是首位将越野滑雪引入美国加利福尼亚的人。加拿大的越野滑雪先驱主要有约翰森、奥尔森等，其中约翰森在加拿大的越野滑雪运动推广中起到至关重要的作用，他在加拿大以及北美地区举办越野滑雪比赛，主持相关活动并担任很多滑雪组织的领导和教练。

1924 年 2 月 3 日，国际滑雪联合会在法国夏蒙尼创立，当年越野滑雪就被列为冬奥会比赛项目。越野滑雪是最早被列入冬季奥运会的雪上运动项目之一,但只设立了男子 18 km(1952 年改为 15 km)和 50 km 两个项目。女子越野滑雪直到 1952 年才被列入冬奥会项目。直到 2002 年,冬奥会越野滑雪包括了 12 个小项,成为冬奥会设立金牌最多的项目。2022 年北京冬季奥运会越野滑雪比赛是 2022 年 2 月 5 日至 2 月 20 日在国家越野滑雪中心举行的体育赛事,设有男女双追逐、个人短距离等项目。

(三)高山滑雪

高山滑雪是以滑雪板和滑雪杖为工具,在山坡专设的线路上进行快速回转和滑降的一种雪上运动项目。高山滑雪起源于北欧的阿尔卑斯地区,故又称"阿尔卑斯滑雪"或"山地滑雪"。

高山滑雪是在越野滑雪的基础上逐步形成的。19 世纪末期,随着滑雪运动的迅速普及,北欧人不满足于只在平地上进行滑雪,他们的兴趣从平地越野速滑转向地形复杂的高山。与此同时,一些滑雪爱好者开始探索适合于高山地区滑雪的新技术和方法。1850 年挪威的泰勒马克郡出现改变方向和停止滑行的滑雪动作。最早的高山滑雪竞赛可以追溯到 19 世纪末,当时人们在奥斯陆举行了简单的速降比赛。1868 年挪威滑雪运动奠基人桑德拉·诺德海姆(Sanddla Nordheim)等在奥斯陆滑雪大会上表演了侧滑和"S"形快速降下技术。1890 年奥地利的茨达尔斯基(Matthias Zdarsky)经过 6 年的苦心钻研和实验,发明了适合阿尔卑斯山地区特点的短滑雪板及滑行技术,1905 年他在维也纳南部的利林费尔德进行了高山滑雪史上第一次回转障碍下降表演。茨达尔斯基的表演对于促进高山滑雪技术体系的形成和推动高山滑雪运动的发展,起到了至关重要的作用。

1907 年英国创立阿尔卑斯滑雪俱乐部,这是世界上第一个高山滑雪组织。1910 年奥地利的比尔格里上校(Georg Bilgeri)组织了具有军事性质的高山滑雪学校,第一个采用深蹲姿势持双杖快速下降、制动转弯的滑法。之后的几十年里,这一运动迅速风靡欧美,美国的矿工更是在冬季举行高山滑雪比赛以打发闲暇时间。

现代高山滑雪比赛的创立者是英国人阿诺德·卢恩(Arnold Lunn)爵士和奥地利人海因斯·施奈德(Hannas Schneider)。1921 年卢恩在瑞士组织了高山滑雪史上的首次回转和速降比赛,次年他又在瑞士的慕伦组织了历史上最早的一次高山小回转滑雪比赛。同年施奈德创办了高山滑雪学校。在卢恩和施奈德的推动下,1931 年在瑞士米伦开始举办世界高山滑雪锦标赛,1936 年高山滑雪被列为冬奥会比赛项目。

高山滑雪作为大众喜爱的体育运动项目，具有很强的健身和娱乐价值，全球现有上百个高山滑雪区。中国开展高山滑雪运动较早，但由于训练条件所限，参与人群有限。在 2022 年北京冬奥会高山滑雪项目中，中国队获得 2 男 2 女共 4 个参赛名额，创造了中国队高山滑雪项目冬奥会参赛历史上获名额数量最多的纪录。

（四）单板滑雪

单板滑雪（又称"滑板滑雪"）以一块滑雪板为工具，是一项在山坡线路上快速回转滑降，以及在特设的 U 形场地内凭借滑坡起跳在空中完成各种高难度动作的雪上运动项目。由于动作的舒展性和刺激性，单板滑雪得到了普通大众特别是年轻人的喜爱。

单板滑雪出现在几百年前的土耳其 Kaqkar 山区，当地村民喜欢脚踩一块木板在雪地上滑行。现代单板滑雪源于 20 世纪 60 年代中期的美国，与冲浪运动有关。1965 年圣诞节，在密歇根度假的舍曼·波潘（Shermon Poppen）将两块双板（ski）拼接起来，让女儿坐着冲下雪坡，这种滑行方式很快流传开来。由于综合了"snow"和"surf"这两个元素，人们给它起名叫 snurfing（雪中冲浪），所以单板滑雪又称"冬季的冲浪运动"。单板滑雪者用一个滑雪板而不是一双滑雪板，利用身体和双脚来控制方向，然后通过一根绳子控制着雪板从山上滑下。

进入 20 世纪 80 年代，滑板滑雪开始风靡美国，之后又传到欧洲。1982 年举行了美国全国锦标赛，1983 年举行了首届世界锦标赛，1990 年成立了国际滑板滑雪联合会（FIS），1994 年国际滑联（FIS）将滑板滑雪定为冬奥会正式项目，并于 1998 年在日本长野冬奥会首次举行了滑板滑雪比赛。

2003 年，随着国内首家专业单板滑雪俱乐部在北京的成立，这项运动在中国正式起步。2022 年北京冬季奥运会单板滑雪比赛在北京赛区首钢滑雪大跳台、张家口赛区云顶滑雪公园举行，设有男女 U 形场地技巧、坡面障碍技巧等项目。虽然中国单板滑雪运动的发展水平同欧美国家仍有差距，但随着多项国际比赛在中国举办，参与人数正在迅速扩大。

（五）狗拉雪橇

狗拉雪橇（也称为"雪橇赛狗、雪橇犬比赛"），在 4 000 多年前就已经出现了。拉雪橇的一般是纯种西伯利亚哈士奇、阿拉斯加雪橇犬或萨摩耶。随着运动的发展，其发展成一项比赛。一组雪橇犬拉一只载有指导员的雪橇，各组间比拼的速度，完成比赛用时最短的小组获胜。

没有人确切地知道狗拉雪橇的起源，但考古工作者在阿拉斯加西北地区找到许多有关狗拉雪橇的实物证据。从 18 世纪到 20 世纪初期，雪橇犬队伍被这里的人们用来运输、探险、捕猎、拉运补给品、采矿和递送邮件。在 19 世纪末期，对淘金者而言，雪橇犬是非常重要的，它们可以将物资运到金矿区，然后在回程时运出黄金。住在阿拉斯加的人，不论是早期的因纽特人或印第安人，还是后来移入的欧洲人，早已熟知雪橇犬的运动能力，但直到 1925 年雪橇犬运送白喉血清到诺姆的救命壮举之后，世界上其他地方的人们才开始认识到狗拉雪橇的重要性。

后来，人们开始举办狗拉雪橇比赛，如短距离比赛 6.4 ~ 40 km，中距离比赛 45 ~ 322 km，长距离比赛 322 km 至 1 609 km。最有名的长距离比赛是始办于 1973 年的艾迪塔罗德狗拉雪橇比赛（Iditarod Trail Sled Dog Race），赛程有 1 868 km。

狗拉雪橇运动在 1935 年和 1952 年成为冬季奥运会的表演项目。国际狗拉雪橇运动联合会（International Federation of Sleddog Sports，IFSS）于 1985 年成立，总部设在美国，1990 年开始举行世界狗拉雪橇运动锦标赛。2022 年 2 月 19 日，俄罗斯新西伯利亚地区举行 2022 "西伯利亚力量" 狗拉雪橇比赛。

在中国古代，雪橇被称为 "爬犁、扒犁、耙犁或扒里"。元代又称 "狗车"，满语称 "法喇"。爬犁最早产生的年代虽然不详，但由于运载单人木马的出现早于运载多人或大型物品的爬犁，因此爬犁可能产生于唐宋时期。赫哲族是中国北方唯一一个使用狗拉雪橇的民族，这种传统一直延续至今。

（六）滑雪定向

滑雪定向是结合方向判断和在不平坦的地形上越野滑雪的一项耐力性冬季户外运动，是国际定向越野联合会认可的 4 项定向运动之一。滑雪定向运动由越野滑雪和定向越野结合而成，于 19 世纪末至 20 世纪初诞生在北欧斯堪的纳维亚半岛，现在这项运动在许多国家流行，如瑞典参加这项运动的人数仅次于踢足球的人数。

1899 年第一次公开的滑雪定向比赛在挪威举行。1977 年国际奥委会承认其 "运动资格" 并于 1988 年在汉城（现首尔）举行的第 24 届奥运会上将其定为表演项目。2010 年滑雪定向成为第一届世界军人冬季运动会比赛项目，次年首次成为亚洲冬季运动会正式比赛项目。

现在滑雪定向每年吸引成千上万的参加者，而北欧是这项运动的中心，瑞典则是这项运动的发源地。1900 年瑞典人首先开拓接力滑雪赛（非公开），以此为基础，现代滑雪定向越野开始起步。许多高山滑雪、越野滑雪和速度滑雪运动员同时又是滑雪定向的高手。滑雪定向也可以按个人、团体或接力比赛等形式进行，它与个人徒步定向越野赛的区别是选手需要使用滑雪装备。

滑雪定向比赛是为测试运动员身体素质和判断方向的能力而设计的，使用地图确定一片密集的滑雪赛道网络，以便在尽可能短的时间内到达各点。地图为运动员提供所需的方位信息，以便于决定哪条路线更快。在每一次比赛中运动员必须在高速运动中对上百条路线作出选择。

中国的滑雪定向运动起步较晚。2010 年 12 月 2 日，中国国家滑雪定向队成立，并参加了 12 月 3 日至 5 日在西昌举行的中国滑雪定向冠军赛。在 2011 年阿斯塔纳—阿拉木图亚洲冬季运动会上，中国国家滑雪定向队取得了 1 枚银牌和 1 枚铜牌的成绩，仅位居东道主哈萨克斯坦队之后，位列该项目奖牌榜的第 2 名。为落实体育总局《关于在"第八届全国大众冰雪季"期间广泛开展群众性冰雪赛事活动的通知》的要求，推动"三亿人与冰雪运动"，为北京冬奥会营造浓厚氛围，于 2021 年 12 月 22 日在吉林省磐石市莲花山滑雪场举办了"欢乐冰雪·健康中国"2021—2022 全国滑雪定向挑战赛。

（七）跳台滑雪

跳台滑雪主要利用自然山形建成的跳台进行，脚着专用滑雪板，不借助任何外力，从起滑台起滑，在助滑道上获得高速度，在台端飞出后，身体前倾与滑雪板成锐角，沿抛物线在空中飞行，在着陆坡着陆后，继续滑行至停止区停止。

现代跳台滑雪起源于挪威泰勒马克郡莫尔格达尔（Morgedal），又称"跳雪"。据史料记载，挪威的奥拉夫·瑞（Olaf Rye）中尉是第一个完成跳台滑雪的人，1809 年他在众多士兵面前从高台跳下并成功滑出飞行了 9.5 m。1860 年挪威德拉门地区的两位农民在奥斯陆举行的首届全国滑雪比赛上表演了跳台飞跃动作，之后跳台滑雪逐渐成为一个独立项目并得到广泛普及。同年，出生于挪威南部的桑德拉·诺德海姆不拿雪杖跳过 30 余米，他的这一纪录保持了 30 多年。1879 年在奥斯陆举行了首届跳台滑雪比赛，在这次比赛上设置的跳台也创纪录地达到 20 m。1883 年这项运动被列入霍尔门科伦滑雪大奖赛。在 19 世纪末，这项运动先后传入瑞典、瑞士、美国、法国、意大利和波兰等国家。

初期的跳台滑雪是利用山坡等自然地形进行的，19 世纪 80 年代开始出现土木结构的跳台。随着空中滑翔技术的提高，新的跳台设计也不断出现，1926 年在瑞士格劳宾登州的蓬特雷西纳建成 60 m 级跳台，1927 年又在圣莫里茨建成 70 m 级跳台。

1924 年跳台滑雪被列为冬奥会比赛项目，并从 1925 年开始举办世界锦标赛，直到 1937 年被正式命名为世界跳台滑雪锦标赛，并将 1924 年冬奥会定为第一届世界跳台滑雪锦标赛。该赛事从 1948 年起每两年举行一次，从 1992 年冬奥会开始，将标准台和大跳台改为 90 m 和 120 m。2022 年 2 月 6 日，在 2022 年北京冬奥会跳台滑雪男子个人标准台比赛中，日本运动员获得金牌。由于跳台滑雪难度大、危险性高，目前在普通大众中普及程度不高。

中国在 1987 年第六届冬运会的时候设置了这项比赛。1988 年，国家派遣教练和运动员去日本长野县白马村进行为期 3 个月的跳台滑雪训练，以提高中国跳台滑雪的竞技水平。在平昌冬奥会跳台滑雪项目女子标准台比赛中，虽然中国选手常馨月排第 20 名，但她成为中国跳台滑雪历史上第一位进入冬奥会比赛的女子运动员。

（八）自由式滑雪

自由式滑雪始于 20 世纪 60 年代的美国，它是在高山滑雪的基础上发展而来的，是以滑雪板和滑雪杖为工具，在专门的场地上完成一系列的规定和自选动作的一种雪上运动项目。最初只是将高山滑雪和杂技集于一身，经过几十年的发展，变成了当今的运动形式。首次自由滑雪比赛于 1966 年在新罕布什尔州举行，在随后的十余年中，很多勇敢者创造出了大量的惊险动作，使这项运动越来越精彩。

国际滑雪联合会于 1979 年正式承认自由式滑雪项目，并且在运动员及其跳跃技巧方面制定了相关规则，以减少此项运动的危险性。首届世界杯自由式滑雪系列赛于 1980 年举行，1986 年在法国举办了首届世界自由式滑雪冠军赛。

中国在 1989 年开始了自由式滑雪项目，于 1994 年首次派出 2 名女选手参加利勒哈默尔冬奥会并且分获第 17 名和第 18 名的成绩，这是中国雪上项目参加历次世界大赛的最好成绩。2005 年，李妮娜获得奥地利自由式滑雪及单板滑雪世锦赛空中技巧冠军，也是中国首个雪上项目的世界冠军。在 2022 年北京冬奥会中，中国选手谷爱凌获得自由式滑雪女子大跳台和自由式滑雪女子 U 型场地 2 枚金牌、1 枚自由式滑雪坡面障碍技巧银牌的成绩。谷爱凌是国际雪联第一位自由式滑雪女子 U 型场地大满贯，也是中国首位在世界极限运动会夺金的运动员。

第四节　水域类户外运动的发展历程

一、水域类户外运动发展概述

水是生命之母，人类活动从一开始就与水源息息相关。譬如，原始人喜欢临水而栖，北方游牧民族经常赶着牛群寻找水草丰茂的牧场，因此人类开展水上运动的历史可以追溯到人类起源，游泳、泅渡、捕鱼、划船等如今的娱乐方式，在很长一段历史中是人类必备的生存技能。

综观历史，人们将在水中求生的技能转化为娱乐活动主要有以下三种原因：一是劳作之余人类以生产方式自娱；二是贵族阶层的出现；三是社会进步催生了一些娴雅之士。因此，有些水域类户外运动项目的历史久远，如游泳、钓鱼等，但也有些项目出现在近代，如水上飞、滑水等。

事实上，人们在水中娱乐的方式与在水中劳作的手段并非界限分明，例如，时至今日，钓鱼依然是某些人的谋生之举，即使因闲情雅致而钓，所获也常常烹而食之，因而难以严格区分。这里所要追忆的是指人们在自然水域中以休闲运动为目的的那些运动方式。

水域包括江河湖海，还应包括溪流，但由于溯溪、溪降等活动通常在山林中开展，且与我们通常所说的水上项目区别明显，所以将在溪流中开展的项目归入山地类户外运动项目群中，本节所述的水域类户外运动主要是指在江河、湖泊和海洋中开展的项目，包括游泳、潜水、钓鱼、冲浪、帆船、帆板、摩托艇、滑水、跳水、漂流、水上飞、皮划艇和水球。

二、水域类户外运动项目的发展历程

（一）自然水域游泳

游泳是人类的天生行为，刚出生的婴儿即会借助泳圈在水中"游行"，所以有关人类在自然水域中游泳的确切起源时间无从考证。研究者认为，游泳是居住在江、河、湖、海一带的古代人为了生存，要在水中捕捉水鸟和鱼类作为食物，通过观察和模仿鱼类、青蛙等动物在水中游动的动作，逐渐学会的。

有关人类游泳的历史记载，在世界文明古国的历史中都可以找到。考古发现，人类游泳的最早记载是在利比亚沙漠一个岩洞中的壁画上发现的早在公元前 9 000 年的游泳者，那时人类已具备在水中活动的技能，而且发现当时已有蛙泳和水上救生的技巧。中国记载的游泳历史有 3 000 多年，《诗经》中有"泳之游之""汉之广矣，不可泳思""汉有游女"等。保存在柏林州立博物馆的埃及古王国末期的象形文字也显示了埃及游泳者的活动，当时尼罗河沿岸的游泳风气盛行，且有王子练习游泳的记载。《荷马史诗》和希腊、罗马的古典文学中都记载着英雄游泳的故事。公元前 36 年，日本举办过游泳比赛。虽然我们不能确定游泳的具体起源时间，但可见人类从事游泳运动的时间几乎与人类历史等长。游泳运动由于具有良好的健身、休闲、降热等功能，受到老百姓的喜爱，所以在自然水域中进行游泳活动一直在民间盛行。

游泳运动的价值得到了社会认可并迅速发展起来，如 2 500 年前古罗马人修建了供贵族消遣的巨大浴池；18 世纪的欧洲军队中开办了游泳学校；1796 年瑞士乌普萨拉成立了世界上第一个游泳俱乐部——乌普萨拉游泳者之家；19 世纪初一群德国制盐工人开始向当地儿童传授游泳技术；1879 年巴伐利亚国王路德维希二世修建了世界上第一座人工游泳池。

随着人类社会的发展，游泳运动的技术和形式也不断进步，人类最先掌握的是蛙泳技术。1850 年澳大利亚人威利斯使用一种双手在水面前移的泳姿，这是蝶泳的雏形。英国泳手约翰·特拉真于 1873 年采用一种用蛙泳腿再配合双手交替前爬的泳式。随后，澳大利亚人李察·卡尔又创造了一种"浅打水"的踢腿方法，这是自由泳的雏形。仰泳的早期形式是仰浮在水面上，然后用蛙泳的蹬腿推进。1900 年奥运会上出现运动员使用手在水面上过头前移的泳式，1912 年奥运会上出现了踩踏式的踢腿方式。蝶泳的划手方法是由德国选手里德·麦歇尔在 1926 年的蛙泳比赛中首次使用，但他仍然使用蛙泳的蹬腿方式，1952 年的奥运会之后，国际业余游泳联合会（FINA）决定将此泳式与蛙泳分开，因而增加了蝶泳，而且运动员可以采用海豚式的踢腿方法。花样游泳在 20 世纪 20 年代起源于德国、英国等欧洲国家，原为游泳比赛间歇时的水中表演项目，由游泳、技巧、舞蹈和音乐编排而成。1920 年花样游泳创始人凯瑟琳·柯蒂斯（Katherine Curtis）

将跳水和体操的翻滚动作编排成套在水中表演，后传入美国和加拿大。1984年，花样游泳成为奥运会正式比赛项目。

现代竞技游泳运动始于英国，17世纪60年代流行于约克郡地区，1828年在利物浦乔治码头修建了世界上第一个室内游泳池，1850—1860年，英国与澳洲已有洲际游泳比赛，19世纪中期至20世纪初，世界各国的游泳比赛开始普及起来，游泳也被列为1894年的奥运项目。1837年英国游泳协会成立，并举办了英国最早的游泳比赛，当时英国已经兴起在室内泳池游泳。英国业余游泳总会（前身为都会游泳总会）于1869年成立，是世界上第一个国家游泳总会。1908年国际业余游泳联合会（FINA）成立。竞技游泳的发展推动了游泳运动的普及，使其在世界范围内的各个阶层广泛开展，每年举办的正式和业余比赛不计其数。

有关人类冬泳的历史记载几乎空白，经多方考证，我们发现冬泳起源于人类的生活和宗教活动，芬兰和俄罗斯这两个地处寒带的国家可能是人类冬泳的诞生地。芬兰位于北欧，一年有6个月处于冰天雪地之中，由于气候寒冷，人们常年不出汗，在公元5~8世纪，芬兰人发明了"桑拿"以达到驱汗强身的目的，出汗一段时间后，人们需要淋浴清洁和冷却身体，有些桑拿房建在湖边，大胆者就直接跳进湖里，因此逐渐演化出了现在的冬泳运动。俄罗斯人从事冬泳与东正教的"洗礼"有关，作为基督教的一个分支，东正教每年俄历1月6日举行祭祀耶稣诞辰的活动，为了效仿犹太人在约旦河举行的洗礼，一些教徒跳进冰冷的河水里，认为经过洗礼会祛病强身，罗马史学家马赛林（公元325年~391年）记述了公元361年东正教祭祀活动中的此种场景。公元988年东正教被弗拉季米尔大公接受，开始在俄罗斯迅速发展，由此推断，俄罗斯人从事冬泳运动至少有1000年的历史。中国人从事冬泳运动是在20世纪初，受俄罗斯东正教洗礼的影响，一些中国人也效仿俄罗斯侨民跳进松花江的冰水中接受洗礼。

美国冬泳爱好者布雷克拉被人们称为"人类的北极熊"，1957年和1960年他在严寒中两次尝试横渡英吉利海峡。1963年，他创造了在气温−18 ℃、风速64 km/h的冰水中游泳的纪录。日本珠穆朗玛峰登山队的大泽茂男于1980年元旦在喜马拉雅山的澜斑冰湖等极寒地带进行过游泳，1981年1月他在位于珠穆朗玛峰5 300~5 400 m处的一个无名湖中破冰畅游，成为世界上第1个在海拔5 000 m以上空气稀薄、覆盖着冰雪的湖水中冬泳的人。中国的王刚义被誉为"中国冰人"，先后7次创造冬泳极限世界纪录，是第一个在智利大冰湖中游泳的人和在南极游泳时间最长的人。

人类在自然水域中的另一项重要活动是横渡，据考证，有记录的关于人类开展横渡海峡的活动最早是 1810 年 5 月 3 日英国诗人拜伦为了缅怀一对传说中的恋人，用 1 小时 10 分钟横渡了 1 008 m 宽的赫勒斯滂海峡（今达达尼尔海峡），揭开了近代体育史上横渡海峡的篇章。人类历史上第一次横渡英吉利海峡是 1815 年滑铁卢战役中被俘的法国士兵萨莱蒂，他历尽千辛万苦，横渡英吉利海峡，逃回祖国，创造了人类征服大自然的奇迹。美国女游泳运动员考克斯在 1976 年横渡南美麦哲伦海峡，1987 年横渡白令海峡，创造了人类横渡这两条海峡的历史。土耳其博亏普鲁斯海峡洲际跨海游泳比赛开始于 1989 年。戴温帕特在 1962 年横渡新西兰库克海峡，当时他只有 27 岁。1934 年 9 月，在张学良将军与体育界人士的倡导下，湖北省武汉市举办了第一届横渡长江活动。开启我国海峡横渡的第一人是北京体育大学教师张建，他于 1988 年 3 月 21 日横渡琼州海峡，2000 年 8 月横渡渤海海峡，2001 年 7 月 29 日成功横渡英吉利海峡。2022 年 7 月 8 日，伍益杰全程自由泳横渡了琼州海峡，在海南省海口市明珠岛海岸登岸，成功征服了被誉为"海上珠穆朗玛"的琼州海峡。

（二）潜水

据历史记载，人类从事潜水活动可以追溯到距今 5 000 年之前，那时人类潜水的主要目的是寻找食物、采集海洋中的生物标本，以及进行一些救援行动。后来，潜水被用于打捞和军事行动。

最早有关人类潜水活动的记载是公元前 3 000 年克里特人潜入海底获取海绵和公元前 2 200 年中国人潜入海底寻找牡蛎里的珍珠。潜水用于军事的鼻祖可能是在 2 800 年前，米索不达文化全盛时期，阿兹里亚帝国的军队用羊皮袋充气，在水中攻击敌军。

公元 1500 年，人类发明"潜水钟"以延长待在水底的时间；1620 年，荷兰物理学家科尼利斯·德雷尔成功制造出人类历史上第一艘潜水船；1720 年，英国人利用一只定做的木桶潜，到水下 20 m 深的地方成功地进行海底打捞。

今天职业潜水的前身是 160 年前英国人郭蒙贝西发明的头盔式潜水，即通过连接在水面母船上的管子保证潜水员的呼吸，这种潜水装置于 1854 年首次在日本出现。

1924 年开始出现用玻璃做的潜水镜，利用帮浦（一种泵）从水面吸取空气的"面罩式潜水器"，这是水肺潜水器的前身。当年日本人采用这种装置潜入地中海海底 70 m 处，成功地捞起沉船八阪号内的金块。第二次世界大战期间，出现了一种特殊的军用"空气罩潜水器"，采用的是密闭循环系统，附带空气瓶。1943 年法国海军少校库斯陶设计出一种具有 150~200个大气压的背负式压缩空气瓶水中呼吸器，从而使潜水员可以远离母船作业。1945 年前后这种潜水器在欧美流行。这就是现在我们看到的和人们主要参与的潜水活动：背着空气瓶，穿着脚蹼、潜水服和潜水镜，即水肺式潜水（scuba diving）。

20 世纪 20 年代潜水运动在欧洲盛行并传入美国，到 20 世纪 50 年代，空气瓶和水肺的出现加速了潜水运动的发展，数不清的潜水协会和培训机构纷纷建立，教人们使用空气瓶和水肺潜水。最早的潜水组织是 1953 年在英国成立的英国潜水协会（BSCA）；1959 年世界潜水活动联盟（CMAS）成立；1959 年美国潜水员指导协会成立。至今，世界上已有几百个国家和地区性质的潜水运动组织。世界潜水活动联盟与 1959 年在巴黎成立，每年都举办国际和洲际潜水比赛。随着潜水装备的进步和世界潜水文化的发展，参加此项运动的人数越来越多。

中国现代潜水运动起步较晚，20 世纪 40 年代以前的潜水活动主要用于军队训练。推动中国民间潜水运动发展的是德籍华人诺达尔，他于 1955 年成立潜水俱乐部，开始在中国推广潜水运动。1959 年，中国潜水运动得到了政府体育部门的支持，1964 年 11 月在广东湛江举行了第一届潜水比赛。休闲潜水运动可能开始于 20 世纪 80 年代。1960 年林斌成为中国第一代潜水员，1986 年 4 月他带着 26 名美国游客到三亚潜水旅游，这是海南第一批潜水游客，当时海南人还不知道潜水旅游。现今潜水旅游已经成为三亚、湛江、长岛、千岛湖等地的重要旅游项目，各地纷纷成立专业潜水俱乐部和潜水培训学校，推动中国潜水运动的发展。但是纵观中国休闲潜水运动的发展情况，它的发展依然缓慢，还只是少数富人和发烧友的游戏，普通民众只是在旅途中略微尝试，此项运动在中国尚有很大的发展空间。

水肺的出现使潜水运动迅速普及，普通人借助水肺的帮助也可以自由潜行，享受水底世界的曼妙。但是自由潜水（不用装备）的魅力一直存在于人类心中，虽然出现了水肺，但自由潜水依然没有被摒弃。1970 年以前，自由潜水被当作极限运动开展，而电影《碧海蓝天》点燃了游泳爱好者对自由潜水的激情，经过几十年的发展，1992 年国际自由潜水协会（AIDA）在法国成立，迄今提供了 230 多项自由潜水记录。

潜水运动的发展也带动了水下活动的发展，20 世纪 50 年代，美国已经有人开始拍摄水底照片，《生活》杂志记录了 1954 年 8 月举行的一场水底婚礼。但当时的水底照相是摄像师在玻璃缸外用相机拍摄里面的情形。2021年端午节期间，河南卫视的水下洛神舞惊艳全国。洛神的美通过水下舞蹈的形式，生动地展现了出来。让观众不仅看到了美，还看到了文化的自信。

（三）钓鱼

鱼是生活在水边的人们的主要食物，所以人类很早就学会了捕鱼，也许渔业的历史可以追溯到人类发展的早期阶段。德国马克斯·普朗克协会等机构的研究人员通过对中国周口店遗址田园洞出土的早期现代人遗骸进行稳定同位素检测推断，在约 4 万年前的人类食物结构中鱼就占了很大比重。从陕西省西安半坡村和黑龙江省小兴凯湖岗上出土的 6 000 多年前的物品中就有用鱼骨制成的鱼钩，这些鱼钩已经磨出了倒刺和拴钓线的槽，可见当时钓鱼技术已经达到较高水平。郭伯南等著的《中华风物探源》中说："中国钓鱼史至少已有 7 000 年"，而在东帝汶、巴布亚、新几内亚都发现了距今约 2 万年左右的鱼钩，其中在琉球群岛发现了一枚距今 2.3 万年前的贝壳鱼钩。

但是钓鱼在很长一段时间内主要是人类的生存之道，也正是缘于钓鱼与人类生活的密切关系，到底钓鱼运动具体是从什么时候开始的，至今尚难定论。从以钓鱼为生演化到钓鱼休闲的过程中，以钓鱼为消遣方式的活动应该早已有之，钓鱼从普通老百姓的劳作方式转化为一种玩乐的方法，应得益于少数风雅之士的闲作，这种主要存在于上层社会的钓鱼活动不是我们现在论及的户外运动项目。

钓鱼真正成为一项大众运动项目可以追溯到 15 世纪末。1496 年英国人还出版了一本专门介绍钓鱼技术的书——《钓具制作与钓鱼方法》。16～17世纪，钓鱼运动在欧美国家开始流行起来，300 多年前的钓鱼大师爱扎克·沃尼顿曾预言：钓鱼将成为全世界人们喜爱的活动。

第二次世界大战后，和平的社会环境使钓鱼运动迅速发展，1952 年，由英国牵头在罗马成立"国际钓鱼运动联合会"，通过举办各种国际性的钓鱼比赛促进各国钓鱼选手的交流。目前国际上比较著名的钓鱼活动包括国际钓鱼锦标赛、英国钓鲤鱼比赛、国际海钓比赛、世界户外钓鱼大赛等。每年世界各地举办的各类钓鱼比赛不计其数，但参加者主要是中老年人。中国钓鱼运动从 20 世纪 50 年代开始，20 世纪 80 年代迅速发展，并于 1983年 9 月成立"中国钓鱼运动协会"，1984 年创刊《中国钓鱼》杂志。

现代钓鱼装备主要包括鱼钩、钓线、钓竿、浮漂和线轮。考古资料显示，最早采用的鱼钩是用木、植物的刺、动物骨头、石头等磨制，鱼吞下钩后，拉线卡住鱼脖子，达到捕鱼目的。人类发现并使用金属是金属鱼钩出现的前提，因此有西方学者推测天然铜制鱼钩可能有上万年的历史。考古发现，在大约公元前 3 800 年的多瑙河下游的博伊文化中出土了用铜丝做的鱼钩，《钓具制作与钓鱼方法》一书中就有教导人们采用铿和钢丝制作鱼钩的内容，这意味着鱼钩的发展历史可能跟人类冶金技术同步。

人类早期采用的钓线多种多样，藤、草、麻等都被用于制作钓线，直到 16 世纪英国人采用马鬃才保证了钓线的质量，不久蚕丝也被用于制作钓线。19 世纪末 20 世纪初，马鬃、蚕丝制作的钓线已经应用得非常普及。现代工业的发展使得钓线不断改良，20 世纪初聚酯钓线开始出现，随后纤维钓线和尼龙钓线也相继问世，但是蚕丝、钢丝和棕绳等钓线依然在特殊环境中被采用。

相比于鱼钩和钓线的进步，钓竿材料的发展要晚得多，以竹子和树为原料的钓竿一直被使用到 20 世纪，直到 1946 年美国莎士比亚商品公司生产出世界上第一款玻璃纤维（俗称"玻璃钢"）钓竿，钓竿家族才有了新成员，随后钓竿材料不断革新，1973 年美国芬威克（Fenwick）公司制造出世界上第一根碳素纤维（俗称碳素钢）钓竿，2009 年英国英大钓具公司研制出了世界上第一根纳米硼纤维钓竿。

（四）冲浪

没有人知道古波利尼西亚人（Polynesian）何时开始从事冲浪活动的，15 世纪时的夏威夷诗歌中就已有冲浪的记载，而夏威夷冲浪文化最早可追溯到公元 500 年至 800 年间。欧洲人最早目击冲浪是 1767 年由达尔芬的船员在大溪地所记录。之后，1779 年库克船长死亡时，詹姆斯·金中尉发现他的日志中也记载了冲浪活动。

1820 年传教士的到来使夏威夷冲浪运动进入黑暗期，直到 1898 年美国收复夏威夷主权，大力推动当地的观光旅游业，冲浪运动才再次兴起。1907年乔治·弗瑞什将冲浪带到了加利福尼亚，同年，英国著名作家杰克·伦敦和妻子到夏威夷度假，目睹并喜欢上了冲浪运动，写下 *A Royal Sport: Surfing in Waikiki* 向英国大众介绍和描述了夏威夷的冲浪场景。1908 年美国人在威基海滩建立了 Outrigger Canoe Club 冲浪俱乐部，1911 年另一个冲浪俱乐部 HuiNalu 成立，20 世纪初，冲浪运动在夏威夷岛几乎消失了，只有零星的冲浪者在 Maui 和 Kauai 等少数几个岛屿上继续活动。

夏威夷人杜克·卡哈那摩古（Duke Kahanamoku）代表美国参加了 1912 年瑞典奥运会的冲浪比赛，并获得冠军。随后，他作为夏威夷民间大使访问了很多国家，也将冲浪运动推向世界。冲浪爱好者们认为，杜克·卡哈那摩古是现代冲浪运动的创始人。1915 年 2 月杜克受邀访问澳大利亚，并在曼利的淡水沙滩（Freshwater Beachin Manly）向澳大利亚人展示了冲浪技术，因此将这项运动引入澳大利亚。但是直到 20 世纪 60 年代，冲浪还只是在加利福尼亚、夏威夷和澳大利亚开展的一项少数人参加的运动，直到电影 Gidget 播出才激发了人们对冲浪的喜爱，形成全球性的风潮。

第二次世界大战后，塑料冲浪板的出现进一步促进了冲浪运动在世界范围内的发展。1956 年，好莱坞剧作家彼得·维托尔（Peter Viertel）将冲浪运动带到法国。1960 年，冲浪运动传入亚洲。

冲浪运动传入中国可能是在 1985 年，当时国家体育总局获悉冲浪可能成为奥运会项目，便从澳大利亚请来教练，从水上运动中心抽调几名教练，准备组织第一届冲浪培训班，由于当时没有找到合适的水域，以及冲浪也没有进入奥运会，冲浪运动在我国并没得到广泛的传播。2004 年，日本一家旅游公司在海南寻觅了一处适合冲浪的水域，并于 2006 年首开培训班，冲浪运动再次在中国播下火种。随着海南国际旅游岛的建设，冲浪作为其中的一个旅游项目得到政府的大力支持。但是从目前国内冲浪运动发展的情况来看，来海南冲浪的主要是外国人，从事冲浪运动的中国人依然寥寥无几，还只是少数富人和发烧友的消遣方式。

澳大利亚人酷爱冲浪运动，常年举办各种冲浪比赛，首届冲浪世界锦标赛于 1962 年在澳大利亚曼利举行，该项赛事每两年举行一次。少数冲浪发烧友还采用冲浪进行极限挑战，最早从事冲浪极限运动的是法国人庇隆和皮夏凡，于 1986 年从非洲西部的塞内加尔出发，横渡大西洋，二月下旬到达中美洲的法属德罗普岛，历时 24 天 12 小时。

（五）帆船

帆船的起源可以追溯到石器时代，有人推断第一面帆是用树叶或兽皮做成的，而第一条帆船也可能就是在独木舟或木排的基础上创造出来的，但这些都已无法考证。总之，帆船的存在是人类与大自然作斗争的一个见证，它的历史和人类文明同样悠久。

人类最早的正式帆船起源于古埃及。约在 4 700 年前，已有木帆船航行于尼罗河和地中海。2 000 多年前，中国帆船的航迹已远渡到日本等地，这比哥伦布发现新大陆早 80 年。最早有关帆船比赛的描述是公元前 70 年，古罗马诗人维基尔在叙事诗《伊尼特》中详细地描述了特洛伊到意大利的一次帆船竞赛活动，由此推断，帆船运动的历史比较久远，但可能只是贵族和上层社会的娱乐方式。

现代帆船运动起源于荷兰。古代的荷兰，由于地面低于海平面的特殊地理环境，所以开了很多运河。这样一来，使用小帆船进行运输和捕鱼较为普遍。当时有一种叫"jaght"的船，荷兰语意思是狩猎船，通常被用作征税和传令。1660 年荷兰的阿姆斯特丹市长将一条名为"玛丽"的帆船送给英国国王查理二世，由此揭开帆船运动的序幕。16～17 世纪，不少荷兰贵族也选用这种帆船进行娱乐和体育活动。1662 年查理二世举办了英国与荷兰之间的帆船比赛，1720 年爱尔兰成立皇家科克帆船俱乐部。到了 17 世纪，威尼斯开始定期举办帆船比赛。1851 年英国举行环怀特岛国际帆船赛；1870 年美国和英国首次举行横渡大西洋的美洲杯帆船赛；1896 年帆船成为第 1 届奥运会比赛项目。18 世纪初，俄罗斯圣彼得堡成立了帆船俱乐部，19 世纪欧美其他国家也纷纷成立了帆船俱乐部，帆船运动在民间迅速发展。1907 年，在英国的倡导下，国际帆船联合会在法国成立。

日本是亚洲开展现代帆船运动最早的国家，在 20 世纪 60 年代日本帆船运动协会就制定出竞技帆船长期发展规划。1971 年，帆船运动传入中国台湾，为我国帆船运动的发展奠定了基础。1980 年后，山东、上海、湖北、广东、江苏等省市相继组建帆船运动队进行系统专业训练。深圳蓝帆俱乐部成立于 1998 年，是中国第一家帆船俱乐部。当前，海南、深圳、北京、青岛等地都设有帆船俱乐部，但中国的帆船玩家依然较少，因为高昂的费用是普通民众难以承担的。

（六）帆板

帆板是一项介于帆船和冲浪之间的新兴运动项目，源于美国的加利福尼亚。1965 年美国人纽曼在《流行科学》杂志著文《航行的滑板——一种新兴刺激的高速水上运动》，介绍在冲浪板上装置帆具，借助风力推动行驶。文中所介绍的帆板要求人背向帆操作。因为这种操作不符合人体解剖学的规律，难以驾驶，所以并没有引起人们的兴趣。加利福尼亚是许多新艇运动及游戏的发源地，有些酷爱滑水和航海的人注意到这一信息，开始了对帆板的研制。1967 年美国加利福尼亚马里纳德海港出现一种加长冲浪板，上面装有能转动的桅杆，受到青少年的青睐。1970 年 6 月，美国一位冲浪爱好者兼电脑技师修万斯用 3 年时间研制成了操作人员面对帆驾驶、工艺简单又轻便灵巧的帆板，取名风帆（windsurfer），他本人驾驶这样一块形态奇异的光秃秃的木板出现在加利福尼亚的海域。3 小时后，他安然返回岸边。此后，在当地很快兴起帆板热，不久便流传到欧洲、澳洲和东南亚一带。

欧美国家很快建立起了教授帆板技术的学校，到 1978 年仅英国就建立了26 所。邓记公司 1973 年开始在荷兰批量生产帆板，到 1978 年底就售出 5万条。大量的帆板器材涌入市场，极大地推动了帆板运动的开展，很快使其风靡世界，并培养出一批驾驶技术超群的选手。

1970 年 1 月，马里布帆船俱乐部举行了帆板冬季邀请赛，这是世界上第一次帆板比赛。1972 年，在加拿大举行了第一次帆板世界锦标赛。1980年，奥委会决定于 1984 年第 23 届奥运会的帆船比赛中增设男子帆板比赛。

日本是亚洲开展帆板运动最早的国家，早在 1973 年就开展此项活动，其后是泰国、新加坡、中国香港等地。中国在 1979 年由国家体委青岛航海运动学校试制成功第一条帆板，在第 4 届全运会摩托艇比赛开幕式上做了成功的表演，并获得了各方的认可。1980 年 12 月各省市派教练参加了由国家体委青岛航海运动学校举办的教练训练班。1981 年 8 月，在青岛举行了中国首次帆板竞赛。由于帆板运动的消费较高，目前中国只有少数人参加这项运动。

（七）摩托艇

摩托艇运动起源于 19 世纪末的英、德、美等一些工业发达的国家，是驾驶以汽油机、柴油机或涡轮喷气发动机等为动力的机动艇在水上竞速的一种体育活动。世界上第一艘摩托艇是由德国人戴姆勒在 1886 年建造的，1887 年他又设计制造了一艘装有两个 4 马力发动机的摩托船，并在 1889 年的巴黎博览会上展出。1888 年奔驰汽车发明了电点火引擎，1901 年普莱斯特曼将这款发动机安装到海船上。

1902 年世界上主要汽车生产企业开始制造摩托艇，用于制造汽车的先进内燃机引擎同时被用于制造摩托快艇。这种本来用于提高航运速度的新型船只在渔民闲暇时被当作一种娱乐工具，同时摩托艇制造企业也希望通过这种业余比赛检验产品质量。1903 年，第一次摩托艇比赛在爱尔兰科克举行。同年，美国 20 多个动力艇俱乐部联合建立统一组织"美国动力艇协会"，制定了摩托艇竞赛的相关规程，开始有规划地举办摩托艇比赛。国际摩托艇联盟于 1922 年在比利时的布鲁塞尔成立。

推动摩托艇运动发展的是内燃机引擎的进步。1887 年的发动机只有 4 马力，而到了 1905 年发动机达到 80 马力，航速达到 25.75 海里（1 海里 = 1852 米）。1924 年舷外发动机出现，1978 年澳大利亚人沃比驾驶无限制的喷气式发动机艇创造了每小时 511.11 km 的航速记录，1980 年，美国人泰勒设计建造的一艘以火箭为动力的快艇速度达到每小时航行 563 km。速度是摩托艇运动的本质，1981 年国际摩托艇联盟发起组织了"F1 摩托艇世界锦标赛"，这是摩托艇运动的最高水平赛事，时速至少为 250 km，从 0 ~ 100 km/h 加速只需 3.5s。

中国于 1956 年 7 月开展摩托艇运动，1958 年在武汉举行了首次全国比赛，中国航海运动协会于 1980 年 12 月 11 日加入国际摩托艇联盟，中国摩托艇队正式参加国际摩托艇联盟的各项比赛。1986 年中国摩托艇协会在北京成立。2022 年中国摩托艇联赛首站在宁夏沙湖景区举行，这是中国摩托艇联赛首次走进中国西北地区。受制于昂贵的费用，目前中国主要发展竞技摩托艇运动，大众摩托艇项目主要是一些景区内为游客提供的体验式活动，从事摩托艇运动的普通民众群体较小。

（八）滑水

滑水运动（也称"水橇运动"）的前身是冲浪和滑雪运动。关于滑水运动的起源，目前有 3 个版本：第一个版本，1921 年，在法国阿纳西，一名滑雪者看见有人驾着一叶扁舟在水面漂浮。这一平常的现象忽然激发了他的灵感，他努力说服了一条拖驳的主人在里昂湖上用拖驳拖他。最后，他终于掌握了用滑雪板在水上滑行的本领，从而创造了滑水运动；第二个版本，20 世纪初，在一次欧洲速降滑雪比赛中，一名英国滑雪运动员因控制不住速度，偶然从一条冰雪融化的河谷上一掠而过。此事启发了这位勇敢的英国人创造了滑水运动，水橇之名即源于此；第三个版本，美国人拉尔夫·威尔福德·塞缪尔森于 1922 年 7 月 2 日，用两块像雪橇一样的板子和一根布绳子在明尼苏达的 Pepin 湖上完成了人类首次滑水运动。1966 年，美国滑水协会认定当年 18 岁的拉尔夫是滑水运动的创始人，这个观点也得到了广泛认可，但不排除美国人的自我保护心理。不过，另一项文献资料显示，1914 年 7 月 15 日，英国约克郡体育协会举行的水上运动比赛中有水橇竞速比赛，是世界上第一次有正式文字记载的滑水比赛，因此滑水运动起源于 20 世纪初的英国可能性较大。

20 世纪 50 年代之前，滑水运动还只是那些居住在水域地区的人们的活动。机动船只的进步为滑水运动的发展带来助力，第二次世界大战后滑水运动发展迅速。1933 年美国滑水运动协会成立，并在当年举办了美国滑水锦标赛。1946 年世界滑水联盟成立，于 1947 年举办首届欧洲滑水锦标赛，1949 年举办首届世界滑水大赛。现在全球约有 3 000 万以上的滑水爱好者，仅美国威斯康星州就有 100 多万的滑水发烧友。滑水运动也于 1981 年被列为奥运会比赛项目。

80 多年来，滑水发生了巨大改变。当初，拉尔夫是由他的哥哥用一根布绳子拉着在湖面滑行，现在摩托快艇、直升机都已经成为滑水的牵引力。滑水技术也发生了改变，花样滑水、回旋滑水和跳跃滑水是目前滑水比赛的 3 个传统项目。1925 年，在 Pepin 湖举办的一个展览会上，拉尔夫利用一个抹油的斜坡完成了人类第一次跳台滑水。1940 年，杰克·安德森发明了花样滑水。1939 年，比利时人将滑雪运动中的回旋技术引入滑水运动，创造了回旋滑水技术。另外一项比较重要的滑水项目是艺术滑水，20 世纪 60 年代，一些美国专业滑水运动员不满足于一般性的训练和比赛，创造了多人及多项目的滑水组合，并在一些公众场所进行表演，逐步演变成一个相对于竞技滑水独立的门类——艺术滑水，美国于 20 世纪 70 年代初开始举行全国性的艺术滑水比赛。

滑板滑水（wakeboard）是滑水项目的另一个重要分支，它发源于冲浪运动，是由圣地亚哥冲浪运动员托尼·芬在 1985 年发明的。20 世纪 90 年代，奥·波林使滑板更窄以区分冲浪板，里德蒙发明了"双尖"滑板，因此确立了滑板的标准特征。1990 年里德蒙成立世界滑板滑雪协会，并在 1992 年举办了第一届全美滑板划水比赛。里德蒙利用该组织在世界范围内推广滑板滑水运动，并于 1998 年举办第一届世界滑板滑水锦标赛。

中国滑水运动开始于 19 世纪 60 年代，1982 年举办第一届全国滑水锦标赛，1986 年中国滑水协会成立。当前中国滑水运动依然是为了满足竞技体育的需要，普通民众很少参与。

（九）跳水

跳水是一项优美的水上运动，它是从高处用各种姿势跃入水中，或是从跳水器械上起跳，在空中完成规定动作姿势，并以特定动作入水的运动。跳水运动包括实用跳水、表演跳水和竞技跳水。

在伦敦不列颠博物馆里陈列着公元前 500 年的一只陶质酒杯，杯上绘有一个人正勇敢地从船舷上跳入海中，这是现存最古老的跳水运动物证之一。而意大利一座建于公元前 480 年—470 年的古墓内有一幅描绘人从高墙上跳入水中的壁画，这意味着当时跳水运动在欧洲已经比较流行。

中国早在宋朝就有了跳水活动，并且有一定的技术水平。斯堪的纳维亚半岛、地中海、红海一带的码头工人、船工、渔民在 17 世纪就盛行从悬崖峭壁或固定的建筑物上跳水，并逐渐发展为现代的跳台和跳板跳水。

中国在宋朝以前出现过一种新奇的跳水方式，当时叫"水秋千"，表演者借助秋千使身体凌空飞起，在空中完成各种动作之后直接落入水中。竞赛性质的跳水从 19 世纪 80 年代开始在英国兴起。19 世纪末期，几名瑞典的跳水选手来到英国进行了几次表演，这促进了第一个跳水组织的诞生。1901 年，业余跳水协会在英国成立。

1900 年，瑞典运动员在第 2 届奥运会上做了精彩的跳水表演，一般公认这是最早的现代竞技跳水。人们在自然水域里跳水的历史一直没有间断，这种行为是在自然水域游泳时的娱乐之作。竞技跳水比赛通过电视传播到千家万户，这激发了更多的人尝试跳水运动，他们在自然水域中模仿专业运动员的跳水动作。

（十）漂流

漂流曾是人类一种原始的涉水方式，最初起源于爱斯基摩人的兽皮船和中国的竹木筏子，是为了满足人们的生活和生存需要。人类历史上有记载的第一次漂流行动发生在 1811 年，怀俄明州的土著居民试图用船渡过杰克逊洞穴下方的 Snake 河，最后由于河水湍急而未能成功。19 世纪 40 年代早期，美国士兵琼·福瑞蒙特发明了漂流橡皮艇，用于考察 Rocky 山脉和大平原。

漂流成为一项运动是从第二次世界大战之后才开始的，一些喜欢户外活动的人尝试着把退役的军用充气橡皮艇作为漂流工具，逐渐演变成今天的漂流运动。1958 年美国人杰克·卡瑞希望造出一条能够航行在犹他州南部的三卷河上的船，由于这条河的危险性高达 4~5 级，不适合一般船只航行，所以他想到了军队退役的皮筏子，这可能是第一条用于漂流的皮筏子。随后，在 1960—1970 年间，美国成立了多家以开发自然水域漂流为主业的公司，为普通民众提供漂流体验服务。可以说，企业是推动漂流运动发展的重要动力。1972 年，漂流成为慕尼黑奥运会的比赛项目，这个项目一直保留到 1996 年的亚特兰大奥运会，随后漂流比赛的难度增加，也就是现在我们在夏季奥运会上看到的激流回旋比赛。

中国漂流运动开始于 20 世纪 50 年代，进入 20 世纪 80 年代后，中国漂流运动开始迅速发展，1985 年 6 月到 7 月，西南交通大学电教摄影员尧茂书单人在人迹罕至的长江上游漂流了 1 200 余千米，拉开中国现代漂流运动的序幕。1986 年的长江漂流和 1987 年的黄河漂流具有里程碑意义。进入 20 世 90 年代以后，中国漂流运动开展得更加频繁，期间大型漂流活动就组织了 7 次。2022 年中国宜昌朝天吼自然水域漂流大赛在湖北省宜昌市兴山县挥桨开赛，来自全国的 20 支专业组运动员和 3 000 多名漂流爱好者参加了此次活动，竞争"华中第一漂"。漂流运动的惊险刺激性迎合了大众需求，目前中国已经开发的漂流景点有近百处，漂流已经成为许多人闲暇时的消遣方式，漂流也成为一项重要的户外运动产业项目。

第三章　户外运动的组织与管理研究

第一节　户外运动组织与管理认知

一、户外运动组织与管理的定义

要弄清"户外运动组织与管理"的定义，首先对"管理"的概念要有一定程度的理解。所谓管理，是指一定组织中的管理者，在遵循事物客观规律的前提下，运用合理的管理手段、方法、程序，设计营造一种良好的环境，并实施计划、组织、控制、领导等职能，以便协调管理客体，发挥管理资源的作用，使他人同自己一起实现既定目标的活动过程。按照体育事业或体育产业的分类，可以将户外运动组织分为竞技户外组织、校园户外组织、户外公司企业、社会户外组织等几类。在这些组织中实施的管理活动，均可称之为"户外运动的组织与管理"，即户外运动组织中的管理者，通过实施决策、组织、领导、控制、创新等职能，协调户外运动管理客体的活动，实现既定目标的活动过程。

户外运动组织与管理是研究户外运动组织与管理规律的学科。管理不仅是一种活动过程，还是一种社会现象，更是人类社会生活各种实践领域普遍存在的现象。体育管理是其中的一种特殊管理现象。户外运动管理的根本目的是要实现组织目标，创造更多、更好的社会效益、经济效益和文化效益。

二、户外运动管理系统的构成

户外运动管理系统主要由户外运动的管理主体、管理客体和管理中介等组成。

（一）管理主体

管理主体是指在管理过程中具有主动支配地位和影响作用的管理要素，它可以是单个管理者，也可以是由管理者群体组成的管理机构。管理的所有职能都要通过管理主体发挥作用。

1. 管理者

户外运动管理是一个动态的过程，作为管理主体的管理者，在这个过程中要创造出一个大于其各组成部分的总和的整体，要创造出一个富有活力的整体，要把投入于其中的各项资源转化为较各项资源的总和更多的东西。正因为如此，一个管理者就必须具有不同于一般人员的素质和能力。管理者往往通过行使管理权力，运用管理手段，施加作用于管理对象。他们负责制订目标计划、组织实施、指导检查，在户外运动管理活动中处于主导地位。但是，管理者与被管理者地位具有相对性，经常随着管理环境的改变而改变。

2. 管理机构

管理机构是对人类社会经济活动进行管理的实施单位，根据生产力发展水平和一定社会生产关系的要求而设置，既是协调和组织生产力的机构，又是代表生产资料所有者行使所有权和管理权的机构。管理机构的设置主要采用行政直线制。通常与行政机构的设置相联系，按照行政系统从上到下划分为相应的层次，层层设置管理机构，上一级层次的机构对下一级实行直接指挥，所有管理权限最终集中到最高层。在这种机构设置中，基层单位权力很小，不能对自身活动的后果负责。管理机构的理论依据是实现社会化大生产按比例发展的要求，最好的方法莫过于对全社会的经济活动进行统一的管理指挥，公有制基础之上的管理制度体现了所有权和管理权的统一。

（二）管理客体

管理客体也称为"管理对象"，是指能够被一定管理主体影响和控制的客观事物，它是相对于管理主体而言的。从管理资源角度来看，户外运动管理客体主要包括人、财、物、时间、信息等。

1. 人

在户外运动管理客体中，"人"主要指被管理者，具体是指接受和执行管理指令的各种人员。这些人构成执行层和操作层，这主要是相对于管理者而言的。如教练对于主教练来说是被管理者，但对运动员而言却是管理者。户外运动俱乐部的经理对于户外运动行业管理部门或工商行政管理部门来说是被管理者，但对俱乐部员工来说却是管理者。

2. 财

财主要是指户外运动资金。在市场经济条件下，户外运动资金来源多样，户外运动资金的管理主要包括资金的筹措和使用。在资金使用过程中应加快资金的运转，提高资金的使用效率。

3. 物

物指户外运动场地、器材和设备，是开展户外运动活动的基础。对户外运动场地、器材和设备的管理主要是为了提高其时间和空间的使用效率，延长其使用周期。

4. 时间

时间是由过去、现在和将来构成的系统，反映速度和效率，对其管理主要体现为工作计划的制订、实施和控制。

5. 信息

信息主要包括户外运动过程中的各种情报及其指令、处理、反馈等。

（三）管理中介

管理中介是指管理主体在一定管理环境下，为实现管理目标，运用管理职能，对管理对象所采用的管理工具或手段，主要包括户外运动组织机构、户外运动法规和管理工具的运用等。

1. 组织机构

组织机构是指管理系统的"结构"，是使管理系统成为整体的纽带。组织机构把管理者与被管理者组织起来，形成一定的机构和体制。

2. 法规

管理的法律手段包括法律和行政规范两个方面，如《中华人民共和国体育法》《外国人来华登山管理办法》《中国登山协会户外运动俱乐部管理办法（修订版）》等。

（四）管理工具

管理工具包括信息网络、计算机等。信息网络是收集和传递信息的必要条件，是各管理环节、管理层次互相沟通和有机联系的纽带。计算机也普遍地应用于现代管理之中，成为现代管理中极为重要的科学量化工具。

（五）管理核心

在户外运动管理系统中，管理的主要对象是人、财、物、时间、信息。从宏观角度来看，"人"包括户外运动的管理者、组织者和参与者。而从具体的一次户外运动活动来说,"人"主要包括领队(总负责人、总指挥)、教练、队医、向导和队员等。人是管理对象中最核心的要素,主要有以下两方面原因:一方面,人是社会生产力诸要素中最积极、最活跃的因素。体育项目中户外运动管理者和组织者生产的是户外运动服务,是无形产品,消费者享受的是精神体验。提高户外运动服务质量和效率的关键,在于提高管理者和组织者的素质,充分调动管理者和组织者的积极性,而这一点正是对"人"的管理的重要内容。另一方面,人是管理中最积极、最活跃的因素。人既是管理的主体,又是管理的客体。户外运动管理的目标和计划、一次户外运动活动的计划均需要人去制订,组织机构是由人组成的,即使是采用先进的管理技术和管理工具,最终也需要人去操控。

(六)管理环境

管理环境主要是指管理的宏观环境,包括国家的政治、经济、法律、文化、自然等,也包括由此所决定的管理主体与管理客体之间的关系,如所属关系、所有关系、经营关系等。管理环境之所以是管理系统的一个重要组成部分,是因为它直接决定管理的性质,决定着管理主体、管理客体、管理目标的性质,也决定着管理方式、管理方法的具体采用,因而它是任何一种管理活动都必须考虑的因素。

(七)户外运动管理各组成要素之间的辩证关系

户外运动管理中各组成要素有机结合,构成了完整的户外运动管理系统。正确认识各组成要素之间的关系,对于科学把握户外运动管理活动的规律具有重要意义。管理主体与管理对象共同构成不可分割的整体。户外运动管理对象的"整体"是由相对独立、有机结合的不同"部分"组成。户外运动管理的对象既包括可见的、有形的整体和部分,又包括不可见的、无形的各种"关系"。户外运动管理的对象还包括各种"关系"的变化与变化的结果。

三、户外运动的管理职能

户外运动的管理职能是指管理自身所具有的作用或功能,也称为"管理的功能"。管理职能的划分主要取决于社会分工和管理专门化。管理职能与管理过程的某些环节在称谓上基本相同,但实际上两者并不相同。户外运动管理过程是从程序上寻求规律,管理职能则是从作用和功能上探索其内在联系,但管理职能和管理过程也存在着密切的联系。首先,管理职能是通过管理过程反映出来的，这就使得两者的环节有所对应；其次，管理职能与管理过程的环节又不是完全的、绝对的对应，有时管理过程的某一环节反映了几种职能的综合，有时某一管理职能又体现在管理过程的几个环节之中。通常来说，管理职能主要包括计划、组织、控制和协调等几种。

（一）计划职能

计划职能是管理各职能中的首要职能，管理的其他职能都是从计划职能当中引申出来的。它是指通过制定正确决策的目标，然后对整个目标进行分解、计算，并筹划人力、财力和物力，拟定实施步骤与方法，制定相应的策略与政策等一系列的管理活动。计划职能实际上包括确立目标、进行预测、方案优选、制订计划、确立预算和政策等。

（二）组织职能

组织职能是管理的主要职能之一。组织职能是指保证决策目标的实现和计划的有效执行而进行的管理活动。它包括两方面的内容：一是为了保证户外运动目标的实现而进行的组织结构的设计，即组织结构和表现形式；二是组织实施计划，即把人、财、物、时间、信息等资源进行有效的配置。

（三）控制职能

控制职能是指户外运动管理人员为了保证实际工作与计划一致而进行的各种管理活动。对于现代管理来说，控制职能十分重要，包括事前控制、事中控制和事后控制等形式。

（四）协调职能

协调职能是通过施加各种影响，保证户外运动管理人员合理运用计划、组织、控制等职能，顺利而有效地实现管理目标所进行的管理活动。协调职能主要包括理顺管理关系、划清职权范围、制定管理规范等工作。

第二节　户外运动教学的组织与实施

一、户外运动教学概述

户外运动教学是指在教师有目的、有计划、有组织的指导下，学生积极主动地学习和掌握系统的户外运动基础理论知识和基本技能，提高学生身体素质、心理品质和适应能力的一种教育活动。户外运动教学是完成体育教育任务的基本途径之一，它以户外运动（包含野外生存、攀岩、定向越野、拓展运动等多个项目）体育课为主要组织形式来实施。

（一）户外运动教学的内容

1．户外运动教学内容体系的理论基础

（1）良好的身体素质，健康、成熟的心理品质，以及基本的户外运动理论知识、技术技能是完成户外运动教学的必备素质。身体素质、心理素质、理论知识、技术技能的获取都能通过教学方式来实现。

（2）通过在郊外或学校周边，利用自然环境条件进行有针对性的练习，以达到户外运动所必备的素质。

（3）户外运动的理论知识、技术技能（如攀爬技术、野外方向的判定、自制用具、疾病防治等），可通过专门的理论与技术训练及实践操作课的教学来实现。

（4）户外特殊环境中所需具备的心理素质，可通过拓展运动训练来培养。拓展运动心理训练是利用户外活动形式，模拟真实情景，对参加者进行心理和管理两方面的培训。这主要是通过练习一些具有心理挑战的项目，如高空抓杠、信任背摔、绝处逃生、搭人梯等，达到训练和提高心理素质的目的。

2．户外运动教学内容的结构体系

户外运动教学内容的结构体系由户外运动理论、户外运动实践和户外运动综合训练三部分组成。理论教学包括户外运动概论、定向运动、生存的技能技巧、户外医学、饮食卫生、危险因素、自救求救等内容；实践部分的内容则更加丰富，包括身体、心理、技术和技能四个方面的训练；通过对户外运动理论知识的学习和配套的实践训练后，采取野外生存综合训练的方式对学生掌握户外运动技术技能的水平进行检验，提高学生对户外运动的适应能力。

（二）户外运动教学的基本原则

按照教学规律对学生进行指导，在遵循循序渐进、因材施教、教学相长、效益最大化等基本教学原则的前提下，户外运动教学还须遵循如下特殊原则。

1．安全第一

该项原则指的是，要注重安全第一，把学生的安全放在首位。户外运动教学场所多处于野外自然环境中，具有一定的风险性，所以一切活动都要在保证学生安全的前提下进行。

2．学生主体

以学生为主体，把学生放在教学活动的中心位置，给予学生主动演示、主动学习的机会，让更多的学生参与其中。

3．全面发展

注重身心的全面发展，既要锻炼身体、提高技能，还要帮助学生增强信心、培养良好的意志品质。另外，户外运动的特殊性还要求学生必须具备更加稳定的心理素质。

4．绿色环保

户外运动教学实践以自然环境为依托，只有尽力保护环境，减少人类户外活动对生态环境的负面影响，才能保证户外运动的健康可持续发展。

（三）户外运动教学的目标与意义

1．户外运动教学的目标

结合户外运动教学的不同内容，可以达到以下具体目标。

（1）通过学习户外运动基本理论知识，使学生了解户外运动的起源、发展、特点、目的和意义，激发学生学习兴趣。

（2）通过学习和掌握身体素质练习方法，使学生充分认识到良好的身体素质是进行户外运动的先决条件，学会编制个人锻炼计划。

（3）通过学习户外医学，使学生掌握常见运动创伤的处理方法，增强自我保护的意识、知识及能力。

（4）通过拓展心理训练，培养学生有效沟通的技巧、团队协作精神；发掘自身潜能，激发自我超越意识；培养高度责任心及队员之间信任合作意识。

（5）通过学习攀岩，使学生了解攀岩运动起源、发展、技术特点和意义，掌握结绳和攀岩保护方法，掌握攀登技术，培养勇敢、积极向上的精神，以及团结互助、超越自我的精神。

（6）通过定向越野的学习，使学生充分认识野外定向在户外运动中的重要作用，掌握野外定向的基本知识，熟练地使用地图和指北针，培养独立观察、思考和判断的能力，培养团结互助、密切配合的团队精神。

（7）通过野外用具制作的学习，培养学生动手、动脑能力，培养团队协作精神。

（8）通过装备使用及生活技能技巧的学习，使学生学会野外生活的特殊技能，提高在特殊环境下的生存能力。

（9）通过野外生存知识的学习，使学生学会野外生活的特殊技能，提高特殊环境下的生存能力。

（10）通过负重行军、丛林穿越、涉水溯溪、扎筏漂流、搭绳过涧、攀岩、岩降、独木桥、野外定向、修建营地、埋锅造饭、篝火晚会等野外生存综合训练，培养学生吃苦耐劳的精神；锻炼学生勇敢顽强的意志品质、挑战自我及发掘自身潜能；培养学生互相帮助、团结协作的团队精神；勇于挑战，培养学生独立参加有挑战性的野外活动和运动竞赛的勇气和能力。

（11）通过系统学习户外运动知识，为户外运动科学研究和理论创新提供人才支撑。

2. 户外运动教学的意义

结合户外运动的特色，从高校实际出发，户外运动教学的意义主要体现在以下几个方面。

（1）户外运动教学在自然环境中进行，使人亲近自然、尊重自然、敬畏自然，促进人与自然的协调发展。

（2）体现互动式教学模式，要注重培养学生的实际操作能力，体现团队协作精神。

（3）使学生掌握参与户外运动应具备的基本知识、技术技能及参与并指导户外运动的能力。

二、户外运动教学的组织实施

（一）教学准备

（1）户外运动教学的时间安排为1个学期。在开展户外运动教学前一学期，应通过学校教务部门和体育教学部门主页、宣传栏等介绍户外运动课程教学的基本情况及管理办法，包括户外运动教学的主要内容、师资、教学手段、开课时间、考核办法等。

（2）户外运动教学分为必修课和选修课两种类型，在校学生通过学校教务系统的选课系统，自愿选课参加学习。对于体育课教学计划的安排，各高校存在一定差异。目前，我国高校将体育课作为通识教育课，在大学第一学期至第四学期（大学一二两个年级）开设。部分高校经过教学改革，在规定体育课必修学分（通常为 4 个学分）的基础上，允许在校本科生可以在大学一年级到四年级（共 8 个学期）中，任意选择 4 个学期进行公共体育课学习。

（3）在野外生存综合训练时，食品、装备、交通等方面的实际费用由学生自行承担。

（4）统一组织、合理利用教学资源。理论课进行合班教学；实践课以班为单位进行教学，每班人数控制在 30 人左右。

（5）师资安排。根据教学大纲要求，户外运动教学的内容非常广泛，师资团队的组成必须做到科学合理、精干高效。一般而言，理论课的教学需要 5~6 名教师，野外实习需要 7~8 名指导教师。理论课教师必须具备深厚的户外运动理论功底和丰富的实践教学经验；野外实习指导教师则更强调具备熟练、灵巧的实践操作能力，以及现场突发情况的控制能力。

（二）教学方式及相关内容

（1）教学采用理论与实践相结合的方式。综合训练作为教学的延伸，通常安排在学期末的周末时间。

（2）理论课运用多媒体课堂教学，实践课则在野外自然环境中进行，并注重学生户外运动技术、技能及生存技术、技能的培养，尽量让学生根据所学的知识自己解决问题，以培养学生的创新、动手及应变能力；综合训练是对学生学习效果及综合素质的全面考核，安排在理论实践课后进行。

（3）在实践课和综合训练过程中，指导教师根据教学要求，对学生进行分组（5~8 人一组，男、女生搭配），实行组长负责制，大部分户外活动以组为单位进行练习实践，采取互动式教学。

（4）身体素质练习贯穿于实践课的全过程。一般安排在教学结束前进行，练习时间为 20~30 分钟。

（5）综合训练应选择在经过勘查的、十分成熟的、复杂多变的山区进行，采用基地式、穿越式、混合式和特殊式四种不同的方式训练。没有条件的可选择在公园、城市周边的农村进行训练。

（6）在实施综合训练时，将食品、装备一并发放给各小组，各小组自行安排食品计划。在教师的严格控制下，有条件时让学生识别采集或捕获一些可以食用的动植物。在教学中，要注重培养学生的生态环境保护意识。

（7）根据训练基地的实际情况，安排攀岩、速降、滑冰、搭绳过涧、丛林穿越等项目的技术训练。

三、户外运动教学的注意事项

（1）在外出进行野外实践练习前，必须将各项安全事项向学生通告，引起每名学生的充分重视。

（2）在指导教师中必须安排一名具有丰富的医疗经验的教师，有条件的学校应尽量配备队医，负责野外教学中的医疗工作。

（3）原则上，野外生存实践训练安排应该风雨无阻，但若遇到极端天气或因恶劣天气引发的自然灾害时，可根据具体情况适当地调整训练计划和要求。

（4）当出现不可抗拒因素导致原野外生存实践训练计划无法进行时，应采取紧急预案，既要保障教学有序进行，也要确保师生的人身安全。

（5）一切实践活动的开展首先须确保师生人身安全，如有学生因个人身体原因实在无法完成训练任务，可以放弃。

（6）树立环保意识，遵循户外活动对自然环境的最小冲击法则，减少因人类户外活动造成的生态破坏。

四、户外运动教学评价及考核

户外运动教学评价是以户外教学的目标为标准，运用科学的手段对教学效果进行综合判断的教育活动，包括对教师的评价和对学生的评价，是研究教师"教"与学生"学"的活动过程。

（一）教学评价的功能

1．诊断功能

教学评价可以了解到教学各方面的情况，对教学效果进行判断，客观地评估教学目标的实现与否，找到其中的问题和症结，是对教学的一次科学严谨的诊断。

2．激励功能

教师和学生可以通过评价结果了解自身在"教"和"学"中取得的成绩和存在的不足。科学的评价可以对教学起到积极的推动作用，较高的评价能给教师、学生带来自信，激发他们向更高目标前进；较低的评价可使教师、学生发现不足，激励其改正不足，争取优秀表现。

3．反馈、调节功能

在教学评价中及时反馈与教学活动相关的信息，教师和学生可以据之适当修订计划，优化调整教学行为，从而有效地达到预先设定的教学目标。

（二）教学考核的内容

教学考核的主要内容包括理论考核、实践操作考核和野外生存实践综合评定。理论考核内容包括课堂讲授的户外运动知识；实践操作考核内容包括技能技巧（在攀岩、定向越野、野外生存等项目中，可采取抽签的方法考核其中一项）；野外生存实践综合评定则由教师根据学生在户外的表现进行综合评定。

第三节　户外运动活动的组织与实施

一、户外运动活动概述

（一）户外运动活动的内涵及意义

1．户外运动活动的内涵

户外运动活动是指为了达到强身健体、愉悦身心、培养团队协作精神、掌握户外运动技能的目的，有组织、有计划地运用一定自然环境和人工建筑物（非运动目的）作为场地，开展登山、露营、溯溪、皮划艇、攀岩、徒步、溜索等户外运动项目的过程。此概念包含如下几层含义。

（1）参与户外运动活动的主要目的是强身健体、愉悦身心、培养团队协作精神、掌握户外运动技能。

（2）相较于其他体育项目，户外运动项目的危险性更高，其活动的准备组织与实施必须充分、谨慎，尽力确保万无一失。

（3）户外运动活动的内容以我国正式开展的户外运动项目为主。

（4）户外运动活动以一定的自然环境和人工建筑物（非运动目的）作为活动场地。

2．组织户外运动活动的意义

（1）通过户外运动活动，参与者可以得到以下几个方面的收获：①认识自身潜能，增强自信，改变自身形象；②克服心理惰性，磨炼战胜困难的意志品质；③启发想象力和创造力，提高解决问题的能力；④提高人际交往能力，使自己能更为融洽地与群体合作。

（2）通过户外活动，一个组织可以得到以下几个方面的收获：①组织成员进一步明确和认同组织目标、文化，增强组织的凝聚力；②树立相互配合、相互支持的团队精神和整体意识；③改善人际关系，形成积极向上的组织氛围；④使成员表现出更强的组织领导才能，在组织面对各种变革和挑战时，变得更加积极。

（二）户外运动活动的分类及特征

1. 户外运动活动的分类

（1）拓展训练型。拓展训练通常是指利用山地、湖泊、岛屿等自然环境或专门的拓展场所，通过精心设计来满足训练对象释放压力、陶冶情操、磨炼意志、完善人格、熔炼团队等一系列需要的活动，训练的内容可以依据活动目的确定。

（2）体验教育型。我国体验教育的发展历史很短，但是近年来发展规模不断壮大，速度不断加快。现今国内的体验教育的主要形式包括营地教育、研学旅行和一些其他带有体验教育意义的活动。所谓"体验"，即通过实践认知事物。体验教育则是通过实践形式让体验者习得、体会、发现或提升平时所处环境中难于习得的技能、情感表达、价值观和能力的教育活动。体验教育的对象大多是青少年，但也不乏一些特殊人群，要针对不同人群的特点合理规划体验内容。

（3）群众参与型。在我国，"群众体育"通常是相对于"竞技体育"的一种提法。群众体育中的户外运动项目类型多样，如徒步、骑行、高尔夫、滑翔伞等都是普通群众能够参与的项目。短距离徒步和骑行活动相对简单，不需要太讲究技巧和装备，长距离徒步或骑行必须具备一定程度的户外知识技巧及装备。在我国，经常徒步、骑行或露营的人有一个接地气的称呼叫"驴友"。

（4）竞技运动型。竞技运动即比赛型的体育活动。户外运动竞技项目也颇多，如水上项目有皮划艇、帆船、冲浪等；陆上项目有定向、山地马拉松、攀岩等；冰雪项目有滑雪、攀冰、雪橇等；空中项目有滑翔伞、热气球、跳伞等。以上这些运动项目，有些既可以作为休闲项目，又可以进行竞技比赛，如滑翔伞、滑雪、冲浪、皮划艇等。

2. 户外运动活动的特征

（1）自然性。户外运动在自然环境中进行，要求户外运动爱好者对自然要发自内心地热爱，这样才能深刻地感悟到户外运动的乐趣。这种热爱不仅包括自然环境美妙温情的一面，还应包括它残酷恶劣的一面。

（2）探索性。人们参与户外运动，要面临不同的新环境，保持积极的探索心态对于体验户外运动很重要，正所谓"乐在其中"。

（3）团体性。在陌生甚至恶劣的环境中，团队协作胜于单枪匹马，尤其是一些高危险性户外运动项目的实施更需要团队协作。

（4）综合性。户外运动不仅受地理环境的影响，而且还受气候、植被、动物、水文甚至地域文化等因素的影响，要求参与者不仅是一个运动高手，还应该是一个通晓多学科知识的"复合型"人才。

（5）专业性。户外运动是专业性非常强的体育运动项目，有极为科学的运动方法和训练方式，对参与者的心理、生理和装备等方面都有着非常高的专业要求。

（6）教育性。户外运动可通过组织和引导参与者在亲身实践中自觉自愿地学习各类户外知识与技术，同时也可将"团结、坚持、奉献、互助"等为人处世的基本道理内化为健康的心理品格，以及转化为良好的行为习惯。

二、户外运动活动组织的基本原则

（一）主题性与趣味性相结合

组织者在组织活动时，不能只为了完成活动而进行一些枯燥乏味的流水线操作。不同的活动内容有不一样的目标，所以活动的选择要凸显主题，活动的开展又必须紧扣主题，既要体现实际意义，又要实现既定的活动目标。另外，活动还要有趣味性，通过语言、项目设计激发参与者的情绪，这样才能在活动中调动参与者的热情，促使其感情流露以增强活动的效果。

（二）传统与开拓创新相结合

户外运动活动形式多种多样、千差万别，但是经典的内容主题永远能引发人们无尽的思考。户外运动活动既要与参与组织原有文化相兼容，也要兼顾组织中不同参与群体的关系，开展过程要体现新颖性，吸引参与者的兴趣。在对户外运动活动项目的不断探索中，推陈出新，设计开拓出丰富的新项目与新服务。

（三）集体活动与分散活动相结合

户外运动场地的特点要求我们开展活动不能集中于单一地点，活动安排要合理，既要设计团队协作的集体活动，也要有个人的分散活动。对于参与者个人的活动，不能只给参与者留出自由支配的时间（如用于休息、游玩或闲谈），还要引导启发他们独自思考人与社会、自然的关系。

三、户外运动活动组织前期、中期和后期准备工作

（一）活动组织前期准备工作

活动前期阶段的准备工作非常重要，它是户外运动活动开展的基础和前提。否则没有队员积极踊跃参加，户外运动的必要性无从谈起。因此，前期准备工作完成得好坏直接影响到户外运动活动能否如期进行。组织户外运动活动的前期工作主要包括以下几个方面。

1. 制订活动计划

组织活动一般应提前两周安排专门人员负责编制活动计划。活动计划应包括以下内容。

（1）选择活动地点。活动地点的选择直接关系到活动的内容和预期效果，因此要慎重对待。选择地点可以参考以下标准。

第一，历史、人文与习俗。悠久的历史和深厚的文化底蕴，是参与者决定参加户外运动活动的主要参考标准之一。

第二，地理位置、环境与气候适宜。除非是登山、探险一类的户外活动，否则建议在环境优美、气候宜人的旅游景点开展活动。对参与者来说，参加户外运动活动可以一举多得，相比单纯的旅游或体育锻炼活动，更加具有吸引力。

第三，特殊情况（有何限制）。进一步分析目的地的地形适合于开展哪些户外运动项目与活动。

（2）明确活动目标。参与对象选择户外运动活动大多是为了达到拓展培训、体验与休闲、健身健心、学习与训练、普及和推广户外运动等目标。

第一，拓展培训。将户外运动作为培训员工的手段的企业，大多是企事业单位。在户外运动活动中，通过开展精心创设的特殊情境中的系列活动，包括攀岩、徒步，以及胜利墙、电网、天梯等拓展项目，可以激发、调整、升华、强化受训者的心理、身体、品德素质和潜能，达到使受训者心态开放稳定、敢于应对挑战、富有创新活力的目的。

第二，体验与休闲。大多数自愿报名参加户外运动活动的人员，出发点大多是为了逃出喧嚣的城市，到野外去呼吸新鲜空气，达到真正彻底放松身心、舒缓工作压力的目的。与清新的大自然亲密接触的过程，也是体验登山、漂流、滑雪、野外垂钓、攀岩、露营、野炊带来的激情与闲适的过程。

第三，健身与健心。以健身、健心为主要目的的活动，一般是由政府部门组织的一些群众性登山、登高、徒步、远足等户外活动。户外运动的本质就是体育运动，任何形式的户外运动都有健身、健心的功能。

第四，学习与训练。有些户外活动完全在野外环境中进行，便于更好地巩固和掌握户外运动技能。例如中国登山协会组织户外指导员培训班时所进行的户外实习和考核；再如，中国地质大学（武汉）所组织的户外运动专业学生户外运动综合实习。

第五，普及与推广户外运动。不论是户外运动的行政管理部门还是社会商业组织，都承担着普及与推广户外运动各类项目的职责。

（3）确定活动内容。户外运动的活动内容有非常大的选择空间，主要取决于活动对象期望达到的目标（目的）。不同参与对象在年龄、兴趣、职业、文化层次等方面有明显区别，另外，活动的地点不同、环境不同也导致了对活动项目设置的要求不同。

第一，不同人群对活动要求各有不同。通过网络招募的队员，大多为思维活跃、性格外向、追求新奇的年轻人，他们大多文化层次较高，渴望在与大自然亲密接触的过程中追求刺激、挑战自我。对这类队员应该设计难度相对较高的惊险刺激的项目，如攀岩、岩降、溜索等。另外，户外运动的功能之一就是构建和谐的人际关系，使参与者学会处理人与人之间的关系。年轻队员在活动前彼此之间大都素不相识，组织者不妨增加一些互动性较强的内容，如在旅途中增设进行自我介绍、举行篝火晚会、丛林穿越等活动，通过这些活动项目的完成来增强年轻人的团队协作意识，并锻炼他们人际交往的能力。

第二，从企业、公司或旅行社招募的集体队员，其年龄、兴趣、文化层次参差不齐，每个人的兴趣爱好也不同。因为是集体队员，按照所属公司要求，主要应该以培训为主，目的就是让队员在野外活动过程中既要放松心情、缓解压力，还要在彼此交往、互相帮助和鼓励中培养坚韧不拔和团队协作精神。针对这类队员，组织者应根据企业文化多设计一些素质拓展训练的内容，做到既有针对性，又有目的性，这样才能达到企业真正想要的增强企业活力、凝聚力，以及提高企业生产效率的目的。

（4）把握计划要求。制订户外运动活动的计划要遵循以下几点要求。

第一，操作规范要熟练。在任何的技术操作中，工作人员必须保持头脑高度清醒，不能有半点马虎和敷衍塞责，技术操作安全到位。动作操作熟练一方面显示了教练技术扎实和功底过硬，另一方面也反映出教练员的自信。与此同时，这也给参加活动的人员一种心理暗示——教练非常优秀，请一定相信他们。

第二，活动安排要周详。对整个活动的所有环节必须考虑周全，包括人员安排、交通、食宿、装备物资、医疗保障、日程安排、经费等。比如：①计划中的人数不应只包括参与活动的队员，还应该包括领队、教练。②交通车的预订应由专人负责，并在事先完成，以保证活动的顺利进行。③活动时间要明确，如遇特殊情况应及时与队员联系，而地点应包括出发地点、目的地、集合地点、宿营地等，都应事先明确告知队员。④活动经费预算应包括项目明细，在计划书中将本次活动的各项消费开支，如食品购买、装备租用、教练酬劳等项目予以明示，让参加人员心中有数。⑤户外运动装备是开展户外运动活动的物质保障，也是队员参加活动的安全保障，户外运动装备必须在专家的指导下购置，购买的装备必须有 UIAA 或 CE 标志（CE 是法语 "Communate Europpene" 的缩写，是欧盟的意思，CE 认证就是欧洲统一标准），这是质量的保证。同时，还要遵循符合自身需求、分批购置两个原则。⑥将组织者的联系方式标注在明显位置，让队员能够一目了然地找到联系电话并与组织者保持畅通交流。⑦在野外进行户外运动，针对潜在的伤害事故，必须预备医疗保障。可以配备专门队医，若条件不允许，至少有一人能够承担队医的兼职工作。如果是比较小型的户外活动，可以配备一个药品、器材齐全的医疗箱。

第三，信息传达要快捷。户外活动的环境比普通工作、学习、生活环境复杂很多，存在的风险也难以估量，因此在开始活动前或者活动中，凡事必须尽可能考虑全面，做到意识先行、信息快捷。

第四，活动方案要灵活。在户外组织活动，必须考虑周全，充分考虑到可能发生的意外情况，提前制定备用方案。在活动过程中，如天气突然发生变化、队员身体出现不适、装备丢失等情况，都可能直接导致活动不能如期进行，为避免对参与人员造成损失，给组织方造成不良影响，应该果断采取应急备用方案，保证活动的顺利进行。除此之外，在出现意外情况时，工作人员、装备物资等都可灵活机动地调配。

2. 队员招募

随着我国户外运动的飞速发展，以户外运动为经营内容的俱乐部如雨后春笋般涌现出来，竞争非常激烈。目前，我国户外运动俱乐部招募队员主要有以下方式。

（1）通过互联网或社交平台宣传，吸引年轻的户外运动爱好者。我国户外运动爱好者大部分属于青年群体，年轻而又火热的心使得他们热衷于追求刺激、体验冒险，并渴望在大自然中荡涤心灵、放松心情。处于移动互联网时代的户外运动爱好者主要是通过手机获取信息，通过网络宣传户外运动，可以轻松便捷地接收到与户外运动相关的信息，在互联网、手机社交、消费软件的帮助下，形成一传十、十传百的连锁效应。

（2）通过与旅行社合作，开发户外旅游项目。我国是一个旅游资源十分丰富的国家，在第三产业中旅游业也相对发达。现在的户外运动普及面越来越广，许多旅游爱好者已经不满足于单纯的旅游，而是希望在休闲旅游中体验更多的个性化内容，很多地方也将户外运动与旅游业更好地结合起来，从而促进当地旅游经济的发展。

（3）与企事业单位、政府部门合作，提供户外运动培训服务。随着户外运动的兴起，大多数户外运动项目在增强团队精神、培养团队协作意识方面已经逐渐为社会所认识并得到认可。在户外运动俱乐部的大力宣传下，许多效益较好的企业为了进一步提高员工的工作积极性，促使员工工作效率提升，通过为员工交纳一定培训费用，为员工提供优质的户外运动健身与培训服务，既满足了员工的身心健康要求，提高了企业员工的团队协作精神，锻炼了员工的意志品质，又增强了企业的活力和凝聚力，从而提高企业的生产率。目前，户外运动俱乐部为企业、公司或政府部门提供的"拓展训练"是最热门和时髦的培训方式，对俱乐部而言也是利润最为丰厚的业务之一。

3. 做好应对安全事故的保障工作

（1）在出行前，一定要通过保险公司购买意外人身伤害事故保险，有具体保险要求的客户可自行增加保险份额。

（2）在陌生的野外环境中活动，腹泻、中暑或被蚊虫叮咬等情况都有可能发生，因此在户外运动活动中要配备医务人员。如果条件很难满足，至少要配备医疗箱，并备好伤风感冒、消炎止痛、止血杀菌和雄黄酒等实用的药物和纱布，防患于未然。

（二）活动组织中期准备工作

户外运动活动的组织是一个包括编制计划、招募队员、活动策划、活动进行、后期分享等多个环节的系统工程,其中活动中期的管理最为重要。完成前期准备工作后就进入户外运动活动的关键部分——活动开展阶段。作为户外运动活动的组织者,不仅要注意保质保量地完成各项户外活动让队员满意,还要高度重视整个活动过程中所有人员的安全问题。活动中期是潜在危险事故的高发时期,各项活动如期开展,各种风险也可能随之而来。陌生的自然环境、人际关系、活动内容等,都存在着安全隐患。

在户外运动活动过程中,领队要充分行使组织管理职能,控制活动计划的严格执行;保障团队的合作,对能力不足的队员给予必要的帮助;根据自身的知识和经验,及时预测识别风险,在紧急情况下合理变更计划,对突发事件做出正确判断并采取措施,无法控制时及时向外界寻求帮助。

基于户外运动活动流程管理的重要性,活动流程的管理主要从人(即对领队、教练、队员以及向导的管理)、物(对装备、食品的管理)以及对活动进程的管理三方面着手。

1. 人的管理

人员管理包括对领队、教练、队员以及向导的管理。所有的人员首先都必须遵守户外运动活动组织的规章制度。对队员的管理尤其重要,队员通常会因出外游玩而比较兴奋,很容易走丢而与大部队失去联系,甚至出现磕伤、碰伤、遇到危险动物等情况。在野外开展活动之前,一定要特别注意强调纪律,尽量避免遇到危险情况和发生不必要的麻烦。

2. 物的管理

活动流程中对物的管理主要是指对装备、食品等物资的管理。各种物资尤其是装备,是对开展各项户外运动活动的基本保障,应严格管理。

3. 活动流程管理

在领队的总体指挥下,各项活动应安排专人负责。各项活动负责人负责加强沟通与协调工作,以保证活动的紧凑、安全与有序进行。总而言之,户外运动活动过程的管理应注意以下原则。

（1）按照计划开展各项户外活动。包括:①活动过程策划精细;②活动开展围绕主题进行;③降低意外事件的发生概率;④保证绝大多数参与者融入活动中;⑤给予完成任务有困难的参与者以鼓励和必要的帮助;⑥

对于实在无法完成任务的个人或小组，可终止活动。

（2）在活动中及时地进行总结。包括：①活动中或活动尾期安排总结活动；②总结形式可以是个人自我总结或评价他人表现，也可以是小组集体讨论；③通过总结使参与者说出自身感受，并相互交流经验；④对表现突出的团队和个人给予表扬和奖励。

（3）保证活动质量。包括：①活动组织者应富有经验，善于引导，能周全安排活动；②活动道具齐全；③活动环境适宜；④参与者精力集中，全身心融入活动；⑤妥当安排饮食与住宿等后勤工作；⑥活动日程安排得当，保证参与者有充沛的精力。

（4）依据外界环境及客观条件的变化，应对某些活动做相应的增减和变动。包括：①天气原因使活动形式、内容发生变化，如水上活动不适合在寒冷天气中开展；②参与者人数的增减，也对户外活动的项目选择产生影响；③参与者在活动现场兴致的高低，也会影响到活动内容的取舍。

（三）活动组织后期准备工作

各个户外运动项目结束后，标志着户外运动活动进入后期管理阶段。尽管主体部分的活动已经结束，但并不意味整个活动已经大功告成，其后期管理同样重要，内容也十分丰富，主要包括：

（1）当活动顺利完成后，应保证所有人员安全返回。

（2）将装备器材清点入库，不得遗失。

（3）离开野外营地，应清理现场垃圾，保持环境整洁。

（4）活动结束后，总结出活动中发生的意外事件，并对其产生因素、处理措施及效果进行分析。

（5）财务负责人应完成书面收支表。

（6）活动组织者应对活动进行总结，并将结果发布在本公司或俱乐部的网页（或公众号）上。

（7）活动照片和队员信息等资料，应在约定时间、地点发放给每位队员。

另外，在户外运动活动的后期，还应注意客户的信息反馈。可以在实际工作中观察参与者，考察其思想、行为、能力是否相应地得到了改变或提高；还可以通过问卷、访谈等形式开展调查，了解参与者对活动的满意度及意见建议；也可以通过书面总结，了解获取参与者对户外活动的认识和体悟。

第四节 户外教育活动的组织与实施

一、户外教育活动概述

（一）户外教育活动的内涵

户外教育可以简单地定义为"发生在户外环境中，关于户外环境的体验式学习"。皮特·希金斯（Peter Higgins）和克里斯·洛尼斯（Chris Loynes）认为，户外教育可以看作是户外活动、环境教育以及社会与个人发展三个主要领域的结合。户外教育工作者可以在一定的时期内关注学习者在某一领域的发展，同时也要关注各领域之间的联系与互补。户外教育还可以被理解为在户外的学习、在户外的教育、在真情实景中的教育。需要注意的是，户外教育活动的发生地除了传统的教室外，还可以根据户外教育活动的不同目的和需要进行选择，有些是原始或自然的，有些则是人为创造的。可见，户外教育为学习者创造了许多亲密接触大自然的机会。在此过程中，户外教育通过独特新奇的自然环境为学习者提供了恰到好处的感官刺激体验，从而起到了促进学习的作用，这些作用往往是在传统的教室学习环境中无法产生的。

当然，我们并不能否认书本教育的基础性及重要性，知识的获取途径本就不止一种，也不应该仅仅局限于某一特定场所。我们在这里将户外教育活动视为对书本知识的一种有益补充，同时认为许多教学活动在教室以外的环境下开展更有利于学习者进行学习，学习者通过亲自参与、体会获取的知识往往更加深刻。实施户外教育可依托的手段或内容多种多样，本节所介绍的户外教育活动专指以户外运动作为载体所开展的教育活动。

（二）户外教育活动的特点

户外教育是以行动为中心的学习过程，它几乎可以渗透到所有课程的学习领域中，也更加有利于实现学科整合的目的。因此户外教育活动在广泛的学科领域中呈现出多样性，其特点也十分明显。

1. 目标的多样性

户外教育活动旨在使学习者通过某一次实地考察和学习，从而实现某一个主要的或多个教学目标，以达到多育并施的教学效果。在教学效果方面，户外教育能够发挥自然教育、社交教育、技能教育等多种功效，能够帮助学习者与大自然建立更加深层的关系，加深对自然界的了解；能够增强学习者的社交能力，培养团队协作精神，建立人与社会的和谐关系，提升领导能力；能够增强户外技能，增强安全意识与风险规避意识，保证在户外活动的人身安全等。

2. 对象的广泛性

户外教育的适用群体十分广泛，如以年龄划分，从幼儿到青少年，乃至成年人都可以成为户外教育的对象；以职业划分，学生、教师、工人等各行各业的社会人士都可成为受教育者。此外，实施户外教育的主体也较多，如学校可以充分利用户外区域资源，对学生进行多门学科的教育，增强其领悟能力；公司可以让员工到户外环境去，借助各种户外活动进行团建，增强员工团队意识，培养多种能力；医院可以借助户外教育，帮助病人进行生理或者心理的疾病治疗等。值得注意的是，只有由专业人员实施户外教育活动，才能确保最大限度的安全性和专业性，才能够达到最佳教育效果。

3. 场地的延展性

可以根据目标群体、学科内容、教学手段、学习目的等不同，将户外教育活动安排至不同的学习场所。户外教育可以发生在任何一个合理的地理场景中，它将课堂环境扩展到室外的自然领域，为学习者无限延伸课堂，让教育方式也得到了多元化的发展。户外教育应以教学需要和学习者的适应程度来选择场地，既可以是校园内外的空地、操场，也可以是博物馆、科技馆、公园，而山川、河流同样也可以在保证绝对安全的前提下成为教育场地。总而言之，户外教育的场地选择要充分考虑学生和教学的需要，在保证安全的条件下可以灵活地进行选择，并制订有针对性的教学方案与安全预案，以确保最佳的教学效果。

4. 时间的灵活性

户外教育活动的时间也可以灵活地选择，没有特定的限制。中国地质大学（武汉）根据学校专业特点及教学资源优势，开设了攀岩、岩降、野外生存体验、游泳、滑翔伞等特色课程，这些课程根据教学内容，所需的时间不尽相同，如攀岩、游泳等课程可以在校园内通过正常上课时间进行教学，而野外生存体验和滑翔伞等课程对于户外环境的要求较高，所需教学时间也较长。总之，在时间的选择上，户外教育者应基于不同的活动主题、教学主旨、学习者的年龄等因素进行综合考虑。

5. 方式的特殊性

户外教育教学方式有别于传统的教学方式，它充分利用了户外环境的动态性和无序性，且以体验与实践为中心，使学习者可以清楚地认识到学习任务的完整性，其中体验式教育是户外教育的一大特点。

（三）户外教育活动的功能

1. 促进人的身体健康与身体机能的同步发展

户外教育是以运动为基础的教育，对人的身体具有极佳的锻炼效果，与我国当前的"健康中国"战略不谋而合。此外，户外运动可以促进人与自然环境的接触和身体的运动，发展我们的身体意识和运动美学。瑞典厄勒布鲁大学体育和健康研究院的一项研究结果发现，运动发育与概念形成之间存在明显的关系，户外教育所强调的运动体验，对于儿童的运动、概念和语言发育非常重要。

2. 深化人与自然的关系

自然界中的许多景象无法依靠文字完美呈现出来，人们只有切身体会才能够对大自然怀有敬仰之心，从而提高自然保护意识。环境心理学领域的研究成果证明，变化多样的自然环境对人类的发展具有重要作用，融入大自然能够提高人的工作和生活质量，使人们在休闲时间内获得更大的身心愉悦感。自然界不存在控制人类行为和运动方式的社会因素，因此在人与自然的接触中，时间和空间方面都不受限制，这不仅可以帮助人们养成健康的户外运动习惯来提高身体素质，还可以帮助人们重新认识人与自然的关系。

3. 户外教育为教学提供有益补充

素质教育的实施，是中国教育史的一次伟大变革。长期以来，"唯分数论"使中国广大青少年陷入"死读书，读死书"的学习怪圈，只愿意接收"二手"信息，缺少独立思考、缺乏感官学习体会等，多是单纯地以"熟记"为手段与目的的学习。素质教育的实行，极大地改变了这一现状，不仅使学生的学习方式有所转变，教师和家长的教育观也随之发生变化。在户外教育活动中，学习者的学习是以亲身观察和直接体验为主，是将课本中学习到的知识在现实环境中的实践和检验。对于学习者而言，感官上的刺激大于文字对他们产生的刺激，他们通过看、听、闻、尝、摸等体验，可以激发对学习的兴趣，让他们产生学习自觉性，并主动获取知识和创造知识。对教育者而言，大自然作为天然的教具，能够呈现教室中无法实现的教学内容，同时激发新的教学方法和教学道具的产生。

4. 促进个人与社会的共同发展

户外教育对于学习者的心理能够产生许多有益的影响，教育者可以有针对性地设计出如团队协作能力培养、领导力培养、感恩教育等诸多类型的教育活动，对青少年的成长和人生观的培养有着重要的意义。在自然的学习环境中，学习者不仅能够体验到活动的娱乐性，在整个学习过程中，他们还能承担更多的责任，提高动手能力与独立思考的能力，克服各种障碍，培养更加健全的心理，促进个人与社会的共同发展，这些经历都为他们今后的学习与生活提供了重要而有益的指导。

5. 促进户外产业发展

随着社会经济的发展与进步，以及国家的政策支持，人们对于户外休闲活动的热情越来越高，也越来越多地参与到户外活动中去，我国的户外运动产业进入前所未有的迅猛发展期。依托于当今户外运动产业的发展，户外教育行业的师资力量在逐步扩大，教学装备器材逐年更新，教育观念与教学方法也逐步与世界接轨。户外教育与户外产业相辅相成，户外产业催生了户外教育的发展，户外教育的进步也带动了户外产业的发展。

（四）户外教育活动的主要类型

1. 学科扩展型

户外教育活动就是以实践的形式对书本内容进行扩充，教育者借助户外资源，让学习者通过切身体会来获取知识，以达到辅助教学的目的。该类型在学校教育中较为常见，且适用于多门学科。例如，在生物课中，教师可组织学生走出校门，近距离地观察动植物，以感官上的刺激来加强学生对书本内容的理解和记忆；在历史课中，教师可组织学生在有条件的情况下探访名胜古迹，亲手触摸历史，感悟时光的变迁；在美术课中，教师可以组织学生在自然环境下自由创作，绘出他们眼中最真实的大自然。作为书本学科知识的一种重要扩展途径，户外教育活动通常会采取基地教育的形式。

2. 体能技能提升型

户外教育活动是以身体行动为基础，建立在学生的行动之上。在接触自然的过程中，学生在一定程度上提高了体能。在专门培养学生体能技能的户外教育活动中，教育者有针对性地制订计划，通过各种户外活动提升学生某一方面的身体素质，如在野外生存体验课程中，营地的建设不仅仅需要搬运各种材料，还需要扎实的户外技能，这些就是教育者应教授的内容，而学生在此过程中不仅锻炼了体力，也学习到了营地搭建、绳结技巧、射箭等多方面的知识。这种类型的户外教育活动，多以帆船、冲浪、登山等特定主题来开展。

3．心理建设型

户外教育不仅仅是对身体的锻炼，也是对心灵的历练。在活动过程中，学习者将会调动多种感官去学习与领悟，通过实践活动获得内心的升华。例如，在团队精神的教育中，教育者会通过游戏让学习者认识到只有齐心协力才能达到目标，从而获得集体荣誉感，增强团队意识；在高空溜索、独木桥等户外拓展项目中，学习者会通过同伴们的鼓励突破自己，提升勇气，挑战自己的不可能，继而将这种精神延续到日后的生活中。心理建设型的户外教育内容具有广泛性，既可以针对个人，也可以针对团体，对人的影响也是长久而深刻的。

4．自然感悟型

户外教育是在大自然环境中开展的教育活动，良好的自然环境对于户外教育活动的成功实施具有重要作用。户外运动强调对自然环境的最小化冲击，这是规范人类户外活动的一条重要法则。大自然对于人类而言，是赖以生存的家园，户外教育活动将大自然的魅力完全地展现在人们眼前，让人们认识到大自然的雄伟，对大自然产生敬意。当今的户外教育，大多都会涉及环保教育，让学习者通过在户外环境下的实践学习，与大自然亲密接触，从而获得更好的环保教育效果。

二、户外教育活动的组织实施

（一）户外教育活动前准备

1．熟悉教学对象

在活动开始前，首先要熟悉教学对象，了解学生的性格、爱好及需求，对症下药，才能为活动开展奠定良好的基础。

2．确定教学目标

根据所授课的内容和学生的需求确定户外教育活动的教学目标。教学目标的确立还应符合实际、切实可行，有利于辅助扩展书本知识，并尽力确保参与者安全。

3. 选取教学方法

在熟悉学生和确定教学目标后，应选取合理有效的教学方法，以确保户外教育活动的顺利进行，达到理想的教学效果。

4. 准备教学用具

教学用具是教育活动中不可或缺的教学要素，借助简单有效的工具，能够很大程度地提升教学效果，助力教学活动开展。

5. 做好紧急预案

提前规划好活动路线，查询目的地的地形地貌、气象水文及人文风情等相关情况，考虑到各种可能发生的潜在危险，应事先制订详细的紧急预案，尽力避免意外情况发生，从而避免人员伤亡。

6. 制订计划表格

在以上程序完成以后，将所有步骤列入教学活动表，并严格按照计划执行户外教育活动。

（二）户外教育活动设计原则

1. 安全性原则

户外教育活动的设计必须充分考虑参与人员的人身与财物安全。教学活动的设计必须严格按照参与者的年龄、身体情况等进行安排，在涉及有风险的项目时，还应做好紧急预案措施，以保证教育活动的安全有序进行。此外，教育者可就地取材，在可控范围内设计模拟危险事故发生的活动，提高学生的安全意识，加强安全教育。

2. 整体性原则

户外教育活动的设计应考虑活动的全局性，将活动设计为一个可实行的整体，不同的子项目之间要相互联系呼应。同时，教育者还应注重细节，确保每一个活动阶段的系统完整。

3. 实用性原则

户外教育活动的开展一定要确保方案具体详细且可实施。在教学用具选择上，要考虑是否符合教学要求、能否满足学生需要、是否铺张浪费；

在时间管理上，也要讲究合理利用，规划好每一个行程，确保活动衔接紧凑连贯，使活动能按时完成。

4．创新性原则

户外教育活动的设计不必完全套用成熟的方案进行，可适当突破常规禁锢。可尝试新的思路，力求创新，给学生全新的体验，能够让人耳目一新，达到事半功倍的效果，从而最大限度地吸引学生全神贯注地参与。

5．多样性原则

户外教育活动的设计需多样化，在设计过程中不能过于偏向某一类型的学生，应始终围绕教学主题，尽量兼顾每一个学生，注重学生之间的个体差异性，尊重每一个教学主体。

6．多育并施原则

户外教育活动的设计应遵循多育并施的原则，不能只把增长知识当作唯一的目标，还要注重培养学生的实践能力、社交能力，培养他们良好的心理素质，使学生健康健全发展。

7．环境保护原则

户外教育活动的实施离不开大自然，在进行户外教育时，环保教育也是不可或缺且十分重要的部分。学生只有切身体会到了大自然对于人类的重要性，才能懂得感恩与回报，同时也会主动将环保作为自己的责任。

第四章　户外运动的风险管理研究

第一节　户外运动风险的评估与管理

一、对现代风险管理的科学认识

（一）危险

危险是指导致事故发生的各种因素。在户外运动中，危险分为客观危险和主观危险。客观危险引发的是灾害或意外，主观危险是人为失误造成的事故。事故发生的危险因素往往不是单一的，而且大多数事故的发生中都有主观认识上的不足或错误。

（二）风险

传统意义的风险等同于危险，被理解为客观危险，如山间的危险、天气危险等。现代的风险概念是指"失去或获得某种有价值事物的可能性"。风险的存在，不仅仅是因为有客观危险，还与人类的决策和行动的后果有密切联系。因此，有学者指出：任何事情本身都不是风险，世界上本无风险，但是在另一方面，任何事情都能成为风险。这话也有一定的道理，这取决于人们如何分析其中的利弊，如何对待风险带来的得失。

风险不完全是消极的因素和安全的敌人。风险带来的不仅仅是损失，它也是收益的激发因素。认识和应对风险的态度，可以是消极被动的，也可以是积极主动的，而积极主动的态度恰恰是登山户外探险者所需的，也是登山户外探险活动的本质内涵。在登山户外运动中，发生险情和山难的可能与得到探险体验、自我提升及团队建设等收获的可能同时存在。

（三）风险的类型

风险根据存在的形态，可以分为实在风险、潜在风险和意外风险 3 种类型。

（1）实在风险：必然发生的危险、事故与损失。

（2）潜在风险：可能发生，也可能不发生的危险、事故与损失。

（3）意外风险：不可抗力因素造成的意外危险、事故与损失。

（四）导致户外运动风险的因素和安全控制

1. 风险因素

导致风险的危险因素主要来自环境、人、活动及装备。

环境因素主要是指地形和天气两大因素。在评估环境危险因素时，应考虑活动内容（静态和动态变化）、活动地点和气候（季节）对活动产生的影响。人的因素包括活动参与者的身体状况、经验、技术、心理和沟通交流等。活动类型及其所使用的装备也是导致风险的一个重要因素。这些因素都不是孤立的，而是综合在一起使风险的级别呈动态几何放大。

2. 安全控制因素

我们无法控制环境因素，但我们可以通过计划、组织领导、经验、判断等来进行安全控制。

危险和安全控制是一对矛盾体，可以用活塞原理来解释：把整个活动比作一个活塞桶，危险因素所决定的初始风险的大小是一定的，但在危险因素的动态作用下，风险可能会呈几何放大，好比活塞；安全控制因素是活塞杆，控制着风险水平。一般而言，风险与安全控制可以达到一种平衡，安全控制力越强，风险水平上升的可能性就越小，反之亦然。

二、户外运动风险管理原理分析

（一）户外运动中的风险、快乐及创新并存

户外探险活动之所以吸引人，是因为它使人们有机会体验风险，挑战探险中的困难和不确定性因素，满足人们对于难忘的经历和情感的渴望；它可以非常有效地激发和提升人的创造性、自信心等。户外运动能给人们带来快乐、激动人心的时光，使参与者很快地迷上这种全新的体验。

虽然人们普遍认可探险活动存在着上述作用，但是人们对实现这些目的的最佳途径仍争论不休。探险体验教育基于富有挑战性、刺激性以及能使参与者经历各种风险因素的活动，各种不同的群体在探险活动中克服了难以想象的困难，并完成了看起来似乎无法完成的任务，突破了很多对自身能力认识的局限性，最终通过探险体验教育，使自身素质得到了提高。因此，探险体验教育已经成为实现个人成长与发展的有效途径。

在户外探险活动中，领队会通过有意识地增加风险促使活动参与者离

开他们舒适的生存空间，但也有一些从事户外运动的专业人士对这样做的价值表示怀疑。他们建议，通过确保参与者情感的安全性和项目的稳定性，来增强参与者实现积极变化的内在动力。他们发现，这种方法尤其适用于新手、承受过屈辱以及易于焦虑紊乱的人。这些专业人士认为，在一个舒适、安全和得到认可的空间里，人们变化与成长的效果可能更好一些。因此，安全和舒适是参加探险的理想基础。这会使人们重新关注与身体安全相关的情感安全。

英国探险活动管理部门认为，适当平衡危险与安全控制之间的关系，会推动探险活动逐步、惊人地发展。如果清除了活动中的一切危险因素，那么这项活动的意义和效果会遭到根本性的破坏。

收益是在危险存在和安全控制的基础上产生的。失去控制的危险会发展成为事故，得到的不是收益，而是损失；没有危险的体验，活动会变得索然无味，也会减少收益。

（二）社会对户外探险活动风险的容忍和接受程度

社会对于风险的容忍度和对户外探险活动领队道德上的责任要求可以总结为：领队有意识地让自己冒险是正确的，但是让别人冒险却是错误的。

人们在日常生活中时常面对风险，如交通事故、自然灾害等，并且这些风险随时有可能出现。但是社会对普遍认为不应该发生的风险，特别是对在明确的制度框架下（如学校、探险旅游业或户外团体）发生的风险会产生强烈的反应。并且，社会可能对失败带来的后果反应强烈，对这些组织的批评会非常苛刻。因此，这些组织有责任确定它们的设施和项目符合高水准的公共安全要求。

社会对风险的反应在以下情况会变得更为强烈：

（1）团体对要进行的活动不熟悉。

（2）参与者在专业团体或领队的带领下发生事故。

（3）组织者专业水准低下。

（4）领队未告知参与者有可能发生的危险。

（5）组织者对事故不愿意承担责任。

在探险活动中完全消除风险是不现实的，发生严重的使人致残的伤害也是极少数的，但客观上，在有效控制下的户外运动中的事故发生率是很低的。因此，在户外活动中控制和减少致命和致残性伤害事故的发生率至关重要。只有得到了社会的认可，户外运动事业才能不断发展。为了达到这个目的，既要加强风险管理，又要普及安全教育，不断提高人们防范风险的意识，以及提高社会的容忍度和承受力。

（三）对风险水平的认知和承受力

为了提高活动的质量，就要求户外领队了解和掌握活动中可能存在的各种风险，如参与者心理上的、情绪上的、体能上的、文化上的、社会上的以及其他方面的风险。如果一个参与者不愿意或者不能完成一项活动，那就要首先考虑这项活动对他来说是否安全。

户外领队在法律上和道德上有责任有效管理在户外活动中可能出现的风险，从法律意义上来说，也要求户外领队提供一定水准的保护，以保证参与者能够得到最好的体验。

领队不仅要管理风险，还要管理体验。当管理风险的任务符合客观情况时，开展风险利益管理会更有效。领队要依据对目标结果的评估来进行风险评估，按照挑战机会制定风险管理策略。

根据对主观危险水平的评估、对风险控制手段的运用程度以及以往遭遇风险获得的经验等，可以从以下三个层面来确定面对的风险水平，并据此制定应对风险的对策。

（1）绝对风险：是指在缺乏安全控制措施的环境中风险发生的最大限度，即可能出现的最糟糕情况。

（2）剩余风险：是指绝对风险得到安全调控之后存在的风险程度。风险得到控制，但仍可能发生。剩余风险很难准确确定，有经验的户外活动领队会努力将剩余风险降低到可接受的范围内。

（3）感知风险：是指任何人对随时可能出现的剩余风险大小的主观评估。与户外活动的领队或经验丰富的探险者相比，户外活动的新参与者对风险水平会有不同的认识。人们的认识往往会受到以往经验和个性特征的影响（如胆大还是胆小）。感知风险通常因人而异，因此人们对风险的感知会涵盖从绝对风险到零风险各个水平。

以上三个层面的风险分析，是风险管理中具有纲领性的重要理念，对其深入透彻地理解后，就很容易理解危险识别、风险评估、安全控制、监管和追踪等风险管理工具。而能熟练、灵活运用各种风险管理工具和策略，才体现出对风险概念深刻的认识。

户外活动领队应该认识到，一个群体内不同个体的风险认识会存在很大的差异，一个人认为危险的事情对另一个人来说可能未必如此。人们对风险的感知会受到下列因素的影响。

（1）经验水平。

（2）疲劳程度。

（3）对设备的熟悉程度。

（4）心理因素。

（5）所处位置。

（6）对他人的认识。

（7）自身认识的局限性。

（8）领队使用的方法。

（9）对情况的认识。

（10）对未知事物的恐惧。

（11）情绪。

（12）安全性。

（13）焦虑程度。

户外活动领队应采取措施，降低参与者，尤其是探险活动的参与者对于风险的感知水平，借此营造出一种安全的氛围。具体可以通过下列方式实现。

（1）关注参与者的基本要求，如食物、水和住处。

（2）在舒适的环境中时，参与者应接受挑战、得到鼓励、获得支持，以便尝试各种不同的活动，并克服自身的恐惧感。

（3）关注参与者生理和情感安全，同时学会评估及排解焦虑感。

（4）运用协作及合作式领导方式，培养参与者的安全感和稳定性。

（四）户外活动的风险管理

虽然在户外活动中体验探险有诸多好处，但如果出现问题，就可能造成严重损失。因此，我们必须建立系统化的风险管理制度。

目前，在大多数风险管理的著述中，风险管理中的"风险"基本上是指产生损失的可能性。户外探险活动领队应用风险管理的原理、程序和策略，把实现某个项目的使命和目标时可能产生的损失控制在可以接受的水平内，以获得最理想的收益。本书中风险的概念含义也是如此，以使读者在分清风险与危险不同的基础上去理解风险管理中风险的含义。

例如，在一个项目中，参与者仅限于使用小刀和毛毯去搜寻食物和住处，与参与者使用帐篷、火炉，每人每天带上 1 kg 食物的自助旅行相比，会给参与者带来更多的风险。参与者往往不愿意承受这样的风险，因为对于缺乏适当培训的参与者而言，在没有老师指导的情况下，对独自承担这种旅行风险是有顾虑的。因此，培训和指导是风险管理中的重要组成部分，通过风险管理，可以更好地培养队员独立旅行和野外生存的能力。

我们常说，机遇与挑战并存。户外探险活动中存在风险，体验风险在个人成长以及团队建设中起着重要作用。没有危险，机会就随之蒸发，但我们必须通过风险管理将户外活动中可能出现的风险控制在一个可以接受的水平上；既要认识风险的特性，又要发挥风险的激励作用，同时还要设法尽量规避、消除和减少风险的伤害。

登山户外运动的风险管理目标有三个：一是防患于未然，即规避风险，避免险情和损失的发生。二是使风险最小化，即降低险情和损失发生的可能性，对不可避免的风险，要使损失最小化至可接受的结果。三是利用风险管理，使活动收益最大化。

三、风险管理的系统架构

（一）风险管理的方式

面对登山户外运动中的风险，可以针对不同情况采取不同对策，把风险和损失控制在可接受的范围内。

（1）规避与防范风险：规避客观危险，避免主观因素造成的事故。

（2）降低风险：使风险指数降低，达到可接受程度。

（3）转移风险：分散风险、共担风险，如给参与者上保险和雇佣专业人员。

（4）保持风险：追求最大收益，接受高风险挑战。

（二）风险管理的主要组成部分

1. 法规准备

（1）具有国家法律效力的各种法律和法规性文件。

（2）得到业内认可的行业标准和指导方针。

（3）从业机构要建立严格、严密的安全管理制度。这些制度要具体、细致、便于执行，执行的状态和效果要与相关责任人的利益结合起来。

2. 信息资料的收集

信息资料的收集包括经验的收集、整理和积累，可建立翔实的档案库。

（1）活动目的地的资料：包括活动目的地的自然环境和交通、医疗条件、救援力量等。在自然环境方面，要着重了解地理地形、气候情况、季节、水文、自然灾害等方面的资料，努力做到知己知彼。

（2）全国性的资料：自 2007 年起，中国登山协会每年均会发布中国大陆登山户外运动事故报告书。其对我国户外事故发生的状态、原因、地区分布、防范措施等进行了详尽的统计和分析，具有较强的指导作用。

（3）其他国家的资料：对不同国家户外运动事故进行比较研究，有助于了解这些国家事故发生的特点和趋势，从而少走弯路，规避风险。

3. 领队的选择、培养和提高

领队是风险管理执行过程中的核心人物，其领导和协调能力、技术能力、经历和经验、对风险形势的判断和决策能力等在风险管理和处理险情中起着关键作用，从业机构在选择领队时，要重点考察以下两个方面。

（1）个人全面情况：技术、执行力、经验、全面素质等。

（2）是否经过国家职业资格认证。

同时，由于领队所处的重要地位，从业机构不能只单方面地增加他承担的责任，也要给予关怀和支持，安排其再学习的机会，使其不断提高业务水平。

4. 制订风险管理方案

制订风险管理计划（或称为"安全管理计划"），包括以下主要部分。

（1）危险因素识别：风险管理的第一步是进行危险因素的识别，即分析整个活动的环境、人以及装备可能造成的危险，并进行排列。

（2）风险分析：制定危险列表，主要从危险、事故可能发生的机制和原因，什么地段、什么情况、什么人最容易发生，可致危险、事故发生的动态因素等方面进行风险分析。

（3）安全控制手段：根据风险分析的结果确定可能发生的伤害事故的程度，选择风险的防范和应对手段，以及将损失减到最小的方法，并制订预案，重点要提高领队对安全的控制能力。

（4）风险评估：对危险因素的识别、风险分析和安全控制进行检查、评估，检验风险管理的合理性、有效性、预测性以及降低风险及损失的方法，并和实际发生状况进行对比，为以后制定风险对策积累经验。

（5）风险监控和记录：根据事件记录和总结、评估的结果，修正安全控制手段和提高安全管理水平。

制订风险管理计划首先要确定活动的目的，并为实现预期目的而选择适当的活动项目和内容。然后确定风险管理的策略，包括风险识别、风险分析、风险评估、风险控制手段等。最后通过风险监控记录，对风险管理计划在实施中的效能和问题进行总结和评估，指出哪些风险已被有效化解，哪些风险未被识别或未使用正确、有效的方法去控制和化解，为今后风险管理水平的提高，提出完善、改进的意见，使之更加全面、有效。

第二节 户外运动风险管理工具及其应用

在登山户外运动风险管理中，风险管理工具在处理以下问题及与其相关问题时发挥了很好的作用，具体如下。

（1）设立程序目标：这次活动的目标和收益是什么？活动程序要设立一个有教育意义的或娱乐的目标，这个目标应与企业文化保持一致。

（2）风险识别：存在什么风险？以史为鉴是很好的切入点，反复发生的事故可以形成规律性的认识。

（3）识别致险因素：什么可能引起风险？用人员、装备、环境三方面的致险因素及其相互作用与动态变化，隐患、险情、事故之间存在的因果关系，组成一个数据系统。

（4）决定管理策略：如何减少损失？谁要负起责任？什么时候、什么地点要采取排除或减少风险的措施？

（5）突发事件与预案：意外发生时，我们要做什么？客观上，在事故发生后，往往会发现这些计划要么与客观情况脱节，要么严重缺乏细节，要么未被严格执行。

风险管理计划要做好，同时还要执行好，才能起到控制风险的作用。

一、风险与安全的适配与决策——四窗口矩阵

我们每天在进行判断和决策时都在运用技巧，户外运动也不例外。如图 4-1 所示矩阵，风险与安全适配把握尺度说明了在领队的判断中风险和安全如何实现均衡。领队要对风险进行掌控，从而让团体可以实现自己的体验目标和安全目标。对于由新手组成的团体和富有经验的人组成的团体，风险是不同的。新手团体需要一个风险低、受到一定控制的环境。而经验

丰富的团体则有能力应对形势比较复杂的环境。

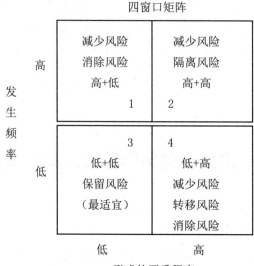

四窗口矩阵

	减少风险 消除风险 高+低 1	减少风险 隔离风险 高+高 2
	3 低+低 保留风险 （最适宜）	4 低+高 减少风险 转移风险 消除风险

高 ← 发生频率 → 低

低 ← 形式的严重程度 → 高

图 4-1　四窗口矩阵

领队需要持续不断地评估团体的进步。如果活动的风险得到较好的控制，则参与者可能会感到厌倦而试图自己增加风险，这可能引起意外事件。如果对活动的风险控制不够，也可能导致发生意外事件。领队应该考虑各种可选情况，并基于自己的判断作出决定，从而正确地均衡风险与安全性。

在评估户外活动潜在的风险以及作出相应的决策时，四窗口矩阵这个工具能够提供很好的帮助。这个矩阵综合了形势的严重程度以及可能出现意外事件的频率，把面临的情况分成四个窗口，排列成矩阵。在窗口中，根据形势的严重程度和可能出现意外事件频率的四种不同组合，提供了四种标准的能够应用的策略。例如，窗口 1 表示的是在形势严重程度低而发生意外可能性高的情况下，窗口提供的管理策略是减少风险或消除风险。其他窗口中的管理策略分别为。

窗口 2、4：消除或隔离风险。活动中风险发生的频率或严重程度处于令人无法承受的水平，此时应该将风险消除或隔离。

窗口 3：保留风险。活动可以继续，因为风险发生频率及严重程度较低。

窗口 4：转移风险。将决策的责任转交至某位技能水平更高的领队，或者给参与者提供信息，让他们做出选择并承担责任。

二、危险的积累和聚变——因果路线图

当一个可能导致事故的因素被忽略或忽视时，就产生了一个隐患。隐患的不断增加，使该活动的危险等级不断提高。最终结果要么是磕磕绊绊地完成了活动，侥幸不出问题，要么是发生事故。

在风险管理中，我们把这些隐患及与其相联系的前因后果记录下来，进行分析排列，可以看清事故发生的过程和一系列因果次序，描绘事故发生和演变的模式，吸取教训及找出可以干预或改变事故演变模式的策略和手段，达到消除危机或减少损失的目的，这就是因果路线图，如图4-2所示。

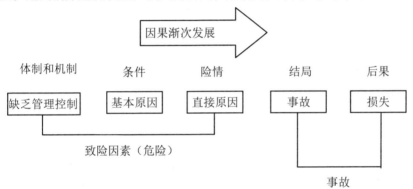

图 4-2 因果路线图

上图的因果次序表明，诱发事故的许多原因是通过几个阶段逐步形成的：直接原因、基本原因、管理控制的缺乏。在这几个阶段之间使用正确、有效的方法和途径进行干预，可以改变事故发展、演变的模式，减少损失。很明显，事故的发生是诱发原因的叠加导致的，只有在安全管理下才可能减少事故的发生。

合格的有经验的领队会时刻警惕隐患的出现，且在事故发生前及时处理问题。例如，一名年轻领队带领一群学生准备夜营，检查装备时发现其中两人没有足够的外套，一人没有聚丙烯羊毛衣服，这样就有了三个隐患，即有三个可能导致事故发生的危险因素。这时，领队从备用的装备中为这些学生找来了合适的衣服，从而消除了夜间寒冷会引起事故的隐患。核查体检表时，该领队又发现学生中有一名哮喘病患者，还有一名学生对蜜蜂或黄蜂叮咬过敏。该领队让后者在队伍前面行走，这样被蜂叮咬的概率会大大降低；同时为前者准备了药物吸入器，可治疗严重的哮喘反应。如果这位领队能够一直如此小心谨慎，那么会避免大多数事故的发生；而如果

该领队忽视了隐患，各种危险因素就会汇聚在一起，事故就可能发生。但并不是所有的领队在运作户外活动时都能够认识到隐患且将其清除。

研究表明，严重事故发生的原因非常复杂，常常难以处理和预测，因其常涉及以不同方式相互作用、相互影响的各种因素。而人们往往容易高估自己预知危险的能力，以致大量的险情不断积累，聚合后形成了巨大破坏力，最终酿成悲剧。

事故因果路线图说明了危险因素、险情发生、事故发生的一般规律和模式，强调了可以采取多种有效的风险管理手段在相关环节上进行干预，以中止事态的恶化，尽可能地避免人员伤亡和经济上的损失。

在一些大型活动中，有发生踩踏事故的危险，组织者可以用事故因果路线图进行风险管理，全面、细致地对危险因素进行分析和归纳，提出有较强针对性的风险干预方法，保证安全。

三、风险管理的表格工具

风险管理的表格工具是有效实现风险管理的好办法，但风险管理的表格工具需要系统化才更具有意义，并可以借助此工具建立一套完善的安全资料与安全规范。

风险管理的表格制作是一个系统工作，首先必须具备风险管理的条件，并制定风险的评估标准，这些评估标准需基于很多背景资料，然后识别、鉴定户外活动中可能发生的风险种类，继而根据评估标准进行风险的评估与分析，最终针对可能的风险选择合适的管理手段。这一过程需要认真、细致地工作，并使之落到实处，否则只是一个纸上谈兵的流程或生搬硬套的资料，也就失去了风险管理的意义。

使用户外运动风险管理工具，必须经过六个步骤，具体如下。

第一步：建立风险管理的背景资料库及自身的风险评估标准。

第二步：对所开展的各种户外活动进行风险识别。

第三步：对识别出的风险因素进行分析，包括对象、发生原因等。

第四步：在风险分析的基础上分别进行评估。

第五步：根据评估结果选择管理方法。

第六步：制作风险管理表格。

（一）建立风险管理的背景资料库和评估标准

建立风险管理的背景资料库有两个目的：第一，全面审视组织的目前状况以及进行风险管理的条件，如俱乐部运作的软环境、赖以生存的基础、限制发展的因素等；第二，制定风险管理评估标准，且这些评估标准要基于现状，可以反映管理的水平。可以从以下四个方面考虑。

1. 外部环境和需求分析

行业：俱乐部或组织是在工商局注册，还是在民政局注册？是体育部门，还是旅游部门？

隶属关系：俱乐部或组织是隶属于体育部门、体育总会？还是隶属于政府、事业单位、社团、公司、个人？

发展机会：活动人群的增长、举办的大型活动、商业赞助等。

局限性：法规、行业规范、专业技术、管理机制等。

存在的威胁：活动事故、媒体舆论、投诉、官司等。

其他：组织相关的问题。

2. 内部状况分析

组织目标：如让更多的人参与到登山户外活动中，开发商业模式。

组织优势：专业技术人员、规范的操作、高质量的活动、良好的媒体关系、稳定的企业客户和人群、良好的口碑等。

组织劣势：活动类型不够丰富、商业活动开展受限、经济条件有限等。

商业目标：商业活动开发、大型活动策划、新项目开发等。

机会：已有或有意开发商业活动、赛事等。

其他：组织的商业计划。

3. 活动类型与组织结构

现有资源：如成熟路线、稳定的专业技术人员或志愿者（兼职人员）、商业赞助、媒体宣传等。

企业功能：活动策划、市场公关、专业技术人员培训等。

运行机制：专业人员、兼职人员、志愿者、顾问等。

管理流程：如一个活动如何进行运作。

4. 制定风险评估标准

根据以上各个方面的情况，列出影响俱乐部发展的风险，了解哪些因素可能会对俱乐部或企业造成影响，如表 4-1 所示。例如，俱乐部出现安全事故则要遭受经济损失，并严重影响声誉，继而影响将来的活动开展。认识风险的存在是建立风险评估与管理制度的基础。

表 4-1　对俱乐部造成较大影响的因素

类型	经济损失	人身伤害	声誉	竞赛
考量指标	金钱	严重程度、恢复时间、住院治疗、永久性残疾、死亡	媒体批评与抨击、会员或参加者人数降低、股东满意度降低、政治影响	成绩、排名

制定评估标准的目的在于量化风险并依此作出决策，以平衡经济、收益和机会。风险是各种事故可能发生的概率，以两个指标来体现，即后果和可能性。因此，我们必须分别建立不同类别的后果和可能性评估标准，根据每一种风险计算出风险值，组合起来得到一个总的风险水平。

后果评估标准：风险一旦发生，组织可能遭受到经济、声誉、市场方面的影响，制定的评估标准可以衡量风险后果的水平，即哪些风险造成的影响大，哪些造成的影响中等，哪些小一些。衡量风险后果尺度可以分为高、中、低三档，或下列可供参考的五个等级，然后以 1~10 000 来代表风险后果的量化值，具体如表 4-2 所示。

表 4-2　风险后果的评估标准

值	尺度	经济
1	很低	擦伤、碰伤，无需恢复时间
10	低	挫伤、扭伤，约 1 周的恢复时间
100	中等	输血、骨折，1~6 周的恢复时间
1 000	高	住院治疗，6 周以上的恢复时间
10 000	极高	死亡、永久性残疾

风险可能性评估标准：可能性是指某些事情发生的概率，概率的大小从 0.1~1.0 分别代表风险发生可能性的量化指标，具体如表 4-3 所示。

表 4-3　风险可能性评估标准

值	尺度	描述
0.1	极小	极其偶然的情况下发生，如 10 年 1 次，或 10 次活动发生 1 次
0.2	不太可能	可能会在特定的情况下发生，如 5 年 1 次，或 5 次活动发生 1 次
0.3	可能	某些情况下可能发生，如 3 年 1 次，或 3 次活动发生 1 次
0.4	很可能	某些情况下可能发生，如 1 年 1 次，或 3 次活动发生 2 次
0.5	几乎肯定	多数情况下发生，如 1 年发生几次，或几乎每次活动都发生

风险值：把后果和可能性评估标准组合在一起，可以直观地判断风险的大小，具体如表 4-4 所示。

表 4-4　风险值

风险值=后果值×可能性值					
可能性	后果				
0.1	0.1	1	10	100	1 000
0.2	0.2	2	20	200	2 000
0.3	0.3	3	30	300	3 000
0.6	0.6	6	60	600	6 000
1.0	1	10	100	1 000	10 000

表 4-4 中，风险值可分为三个区域，对应三个风险等级。

低风险：风险值小于 60。这是可接受的范围，只要稍加注意，采取有效手段即可消除或降低风险，即使风险发生也不会造成严重后果。

中等风险：风险值在 60~300 之间。风险值在此范围内必须采取有效手段，并进行监控，风险发生后可能会造成一定损失。

高风险：风险值高于 600。在此范围内，风险发生概率很低，但一旦发生后果会很严重，这是特别容易被忽视或轻视的方面。常听人说"没事儿，不会碰到这种情况"或"运气没那么差吧"，抱有侥幸心理。这个区域需特别关注，并充分考虑防扩散措施。

可能性或概率标准必须建立在大量背景资料的基础上，否则只能定性地描述风险概率，这样会有更多的主观感觉成分，得出的风险值也会有偏差。所以风险管理一定要建立在充分的背景资料的基础上才有效。

（二）风险识别

风险识别的关键在于找出某一风险类型中的具体因素。风险类别可分为 4 类，即人身伤害、经济损失、竞赛排名及声誉，可将风险种类逐一列在表格中。

（三）风险分析

风险分析如表 4-5 的第二栏所示。针对识别出的风险进行分析，找出风险发生的主体和原因。风险发生主体可能是个人、组织或社会，原因主要体现在三个方面，即环境因素、装备状况和内部因素。

1. 风险发生的主体

风险发生的主体包括人、组织、社会。人可以是某一类型的人，如体力较差或特别谨慎胆小的人，也可能是特别冒失、粗心的人，还有可能是缺少户外运动常识的人。

2．风险发生的原因

环境因素：如野外地理环境、天气状况、动植物、路况等。

装备状况：如保养、损坏情况，数量，使用频次等。

内部因素：指人及队伍。内部因素比较复杂，具体如下。

（1）状态：装备和衣着状态，身体和心理状态，以及各种因素互相叠加的作用。

（2）行为：进程、团队管理。

（3）判断：压力、疲劳、应变能力差导致的错误判断或忽视某些苗头等。

（四）风险评估

风险分析如表 4-5 的第三栏所示。根据风险评估标准，在风险分析的基础上计算风险值。

每一种风险的发生原因可能不同，相应的处理方法也会有所不同，这样就需要分别计算风险值，以便更加客观地反映风险大小，为风险管理手段提供相对科学的依据。

表 4-5　风险管理表格

风险种类		风险分析		风险评估			管理手段及其影响			监控与修正	
类别	种类	对象	原因	后果	概率	风险值	可能的方法	不良影响	受益	实况	修正
伤害	滑坠	胆小者或技能缺乏者	陡坡、湿滑	100	0.6	60	固定绳索	—	—		
			队伍间距过小，拥堵	100	0.6	60	拉开间距	连带他人	—		
			方法不当	100	0.3	30	示范正确方法	—	技能		
			精神紧张	100	0.3	30	缓解压力	影响他人	自信		
							领队协助	连带领队	—		
......											

（五）管理手段

风险分析如表 4-5 的第四栏所示。风险管理手段通常有四种：一是规避风险，尽可能使风险不发生；二是减少风险，把风险控制在最低程度；三是共享或转移风险，如聘请其他组织负责高风险项目、租用汽车公司转移交通风险、利用保险手段转移经济风险等；四是保持风险，在平衡损失和收益的基础上，把有可能得到较大收益的风险保持在一定程度，如在危险或困难地段，鼓励客户独立通过而获得自信或技能，然而这种方法必须在风险可以有效控制的基础上采用。当可选择的管理手段有多种时，应对这些手段进行严格筛选，尽可能采用风险小、收益大的方法，同时对备选方案心中有数。对可能扩散的风险，应做好应急预案。

（六）风险管理表格的制作

风险管理表格可按风险种类、风险分析、风险评估、管理手段以及后期监控与修正五个分栏来制作，具体如表 4-5 所示。以人身伤害中的陡坡滑坠为例，介绍风险管理表格的制作。

滑坠通常因陡坡湿滑、队伍间距过小、行走方法不当以及参与者精神紧张造成，可能导致扭伤、骨折甚至更严重的伤害，这要根据具体的路线情况而定，表 4-5 假设滑坠造成的最严重的伤害类别为骨折。在造成滑坠的各种原因中，因湿滑和拥堵造成滑坠的可能性较大，而方法不当和精神紧张相对小些，因此分别赋予 0.6、0.6、0.3、0.3 的概率，对应的风险值分别为 60、60、30 和 30。为避免滑坠，可以采用固定的绳索（必要的话）、拉开队伍间距、示范正确方法、缓解紧张者的精神压力以及领队直接协助等方法。但如果从风险扩散的情况考虑，有可能会连带团队或影响团队的情绪。领队示范正确的方法有助于参与者掌握陡坡行走的技能；缓解紧张者的压力可以使其获得自信，因此这种方法收益更大。对队伍中的胆小、紧张者，领队可以先缓解其压力，然后正确示范行走方法。有时可以让团队中的其他人示范以给予鼓励、树立信心，如果这些方法都不可行，再采用领队直接协助的方法。因此，在风险管理表格的制作过程中，可以系统地考虑风险的各个方面，对实际工作具有很强的指导意义。

如果认为这样一个大的管理表格不好操作，还可以分项独立制作，即把风险种类与分析、评估、管理手段分别做成风险分析表格、风险评估表格、剩余风险评估表格和风险管理手段及结果表格，分别如表 4-6 到表 4-9 所示。可以把拟采用的管理手段放到风险分析中，实践证明，针对可能出现的风险因素事先确定解决方案可以有效规避风险，如表 4-8 所示。

表 4-6　风险分析表格

风险种类		风险分析		
类别	种类	对象	原因	可能的管理手段
伤害	滑坠	胆小者或技能缺乏者	坡陡、湿滑	固定绳索
			队伍间距过小，拥堵	拉开间距
			方法不当	示范正确的方法
			精神紧张	缓解压力
				领队协助
……				

表 4-7　风险评估表格

风险种类		风险分析	风险评估		
类别	种类	原因	后果	概率	风险值
伤害	滑坠	坡陡、湿滑	100	0.6	60
		队伍间距过小，拥堵	100	0.6	60
		方法不当	100	0.3	30
		精神紧张	100	0.3	30
……					

表 4-8　剩余风险评估表格

风险种类		风险分析	剩余风险评估		
类别	种类	可能的方法	后果	概率	风险值
类别	种类	固定绳索	10	0.1	1
		拉开间距	100	0.3	30
		示范正确方法	100	0.2	20
		缓解压力	100	0.3	30
		领队协助	100	0.1	10
……					

表 4-9　风险管理手段及结果表格

风险种类		风险分析	风险评估	管理方法		
类别	种类	原因	风险值	可能的风险扩散	扩散	受益
类别	种类	坡陡、湿滑		固定绳索	—	—
		队伍间距过小，拥堵		拉开间距	连带他人	—
		方法不当		示范正确方法	—	技能
		精神紧张		缓解压力	影响他人	自信
				领队协助	连带领队	—
……						

第三节 户外领队的风险管理职责与策略

一、熟练掌握风险管理的方法，切实履行风险管理的职责

（一）把握和领导风险管理的全过程

（1）首先要制定明确的活动目标，该目标既要符合所带团队的价值观和企业文化，也要符合自己所属的户外从业机构的价值观和企业文化；既要保障安全，也要通过户外活动实现既定的目标。

（2）在活动前要制订尽可能全面、详细和可行的风险管理计划。在制订计划时，要根据自己和队员的经验，设想各种意外的应对措施。

（3）在执行风险管理计划时，要保证判断和决策的正确性和合理性，自始至终保证对团队活动的掌控和领导力度。

（4）活动完成后，要及时做好回顾和总结工作，建立档案，这是领队不断完善和提高领导力的重要环节。经验的积累要注意寻找普遍性的规律，一些个别的、片面的经验可能不准确或具有很大的局限性，要注意分辨和区分。不断总结、不断改进，才能不断进步，这对户外机构和户外从业人员都非常重要。

（二）解决我国目前户外风险管理中的突出问题

（1）户外领队和组织机构要科学认识和处理风险问题，建立系统的户外管理机制。

（2）户外领队和组织机构要努力提高执行力，切实把风险管理落实到户外运动的每一个环节。

一项国际性的调查，认为有效的户外领导力由表 4-10 所示内容组成。

表 4-10　有效户外领导力的组成要素

户外领导力	
技能	领队素质
技术操作技能	动机、价值观和兴趣
安全技能（辨别和应对危险）	身体健康
组织技能	正确的自我认识
环境保护技能	理解他人并能影响他人

户外领导力	
技能	领队素质
教学技能	良好的个人性格和行为
团队管理技能	灵活有力的领导风格
解决问题技能	足够的经验

二、在风险管理过程中正确决策

领队的一项重要职责就是做出决策。决策对安全至关重要，糟糕的决策常会产生不安全的后果。

正确决策取决于领队能把丰富的经验和对现实情况的认识相结合。其中，领队的重要工作是对每个活动项目的绝对风险进行评判，并随时根据其动态变化进行调整，从而寻找有效的策略，把剩余风险降低到可以接受的水平。在危险环境中可能导致险情发生的因素有以下几点。

（1）不确定的动态环境，如天气。

（2）不断变化和发展的活动过程，如有人受伤会迫使项目进行调整。

（3）行动与反馈循环，如决定穿越河流可能会导致某些人被水冲走。

（4）时间限制，如生病的人要求尽快采取行动。

（5）错误决策的后果，如糟糕的决策造成严重意外。

（6）不同的参与者，如群体成员或散客。

（7）组织和目标及标准的影响，如运作机构的性质、企业文化、管理制度等。

决策包括以下几项工作。

（一）初步了解情况

丰富的个人经验有利于领队对形势的正确判断。这里的经验是指各种不同环境和情况下的实地经验。领队往往先是群体成员，随后担任助理领队，待积累了足够的经验后才作为领队对整个群体承担全部责任。个人经验对领导工作是不可缺少的。此外，领队的经验也离不开一些间接的来源，如阅读、培训、讨论以及学习等。

（二）进行形势评估

进行形势评估时，要注意观察环境线索，如天气、水流及陡峭的地形，以及它们的特征、状况和动态；还要留意语言或非语言线索，如群体中某个人的表现（如厌倦和行为不当）以及群体的表现（如协调和冲突）。

（三）活动项目的选择

在选择或调整行动项目时，要先设想一下该项目如何实施，并预见可能出现的反应及产生的影响。头脑中的想象依赖于以往的经历，因此领队在这一领域内工作时间的长短非常重要。一项出色的决策所具备的特点是能够从众多选项中找到最佳的选项。

（四）决策实施及资源管理

领队可以通过对环境及群体的分析理出线索并选择行动方案。在做出决策之前，可以与群体讨论线索及选项。

（五）总结与反思

对每次活动的经验进行思考和讨论是非常重要的，这有助于人们学习并改进行为方式。通过对结果的总结和分析，领队的基本知识会不断积累，专业技能也会不断得到增强。

总而言之，户外活动领队要负责户外活动之前和期间的风险评估和安全管理，同时也要从自身大量的经历和学习中总结经验，不断提高解决问题以及进行决策的能力和技巧。

三、关注引起事故的社会和心理因素

研究指出，与个人和组织方有关的社会和心理因素是引发事故的重要因素。关注这些因素，必要时提醒参与者，会对活动与决策产生积极作用。

以下是可能引起事故的社会或心理因素。

（1）对环境过于熟悉。

（2）风险转移。

（3）卸掉保护装置。

（4）急于回家。

（5）突发事件。

（6）与归因理论有关的行为，容易接受夸奖和推卸责任，是人的一种倾向。

（7）风险自我平衡，一种风险减小了，可能导致另一些风险的产生，如在雷雨天使用手机。

四、采用消减危险、降低风险水平的策略

在活动前及活动中，领队可以采用多种策略相结合的办法来减少风险，具体如下。

（1）让每个人都了解安全管理的重要性。

（2）制定适当的规则、政策和指导方针。

（3）运用合适的领导方式。

（4）了解团队。

（5）逐步示教。

（6）使参与者形成安全意识。

（7）事先对现场进行考察。

（8）检查装备，正确使用和维护装备。

第四节　户外运动紧急情况处理与救援

紧急情况的处理和救援是风险控制的最后一步。紧急情况的处理是中止事故发生或减少事故损失的最后机会。救援则是险情或事故发生后的补救措施，以救出被困人员和伤病员，避免事故的恶化和扩大。其流程如下。

一、建立紧急事件反应体系

该体系不是用来评估事件及作为应对方法的，而是用来迅速建立事故现场与外界的联系，从而为现场提供及时、必要的支持。建立这种体系需要有完整的规划、先进的通信技术、经过培训的工作人员，还要通过测试和演习对工作人员迅速反应的可行性、实效性进行考察。一个有效的紧急事件反应体系应具备以下功能。

（1）为在事故现场处理紧急事件提供后勤支持。建立紧急事件反应体系应掌握当地可利用的医疗资源、搜索救援资源、撤离资源及可能的通信资源。在必要情况下，协调有关方面，迅速为事故处理提供上述支持。

（2）为现场的户外领队提供咨询支持和精神支持。例如，在一些案例中，在领队要做出艰难的决定时（如命令当事人退出活动等）、处理领队之间及领队与参与者之间的分歧时、处理各种矛盾冲突等情况时，领队都需要咨询支持和精神支持。

（3）管理通信联络工作。

（4）充分做好全过程的记录工作。

二、事件处理

险情或事故发生后，应根据风险预案开始紧张而有序地工作。为了控制局面，需要做好以下几项工作。

（1）评估并控制局面，按事故的轻重缓急安排工作次序，由领队或权威人士统一指挥。注意照顾全体人员，避免再次发生事故。

（2）使用正确的处理策略，如迅速将受害人从可能威胁生命的场所移出。

（3）尽早开始伤病急救处理。

（4）激活紧急事件反应体系，通知应急服务机构和活动组织方的负责人或值班人，通知有关管理部门。

（5）撤离事故现场：将伤患送往医疗机构，组织其他人安全撤离。

（6）需要时向外界发出求救信息。

（7）后续处理。后续处理中要考虑以下问题。

第一，事件解决后，原计划的活动是否继续进行？

第二，混乱局势是否已被控制？

第三，是否联系了所有相关部门？

第四，如何面对媒体和公众？

（8）返回本单位后立即整理书面报告，报送有关单位或部门。

三、救援概述

一旦发生险情或事故，需要进行救援时，领队要保持清醒、冷静的头脑，判断所面临的风险形势及其发展趋势，沉着应对；领队必须发挥强有力的领导力，把大家组织起来，安定情绪，是队员明确各自的责任。紧急救援处理包括以下几个方面的具体工作。

（1）迅速、准确地判断事故或险情的严重程度。

（2）采取正确、有效的处置方法。

（3）一定要保证救援人员的安全，避免事态的进一步扩大。

（4）事故一旦发生，营救工作应当包括自救、互救和救援三个层次。这三个层次工作紧密衔接才能收到良好效果。必要时，要同步进行。

第一，自救。做好自救的重点是户外活动前对参加者进行培训和教育，使参加者掌握必要的与户外活动相关的科学知识，熟练掌握各种户外活动技术和正确使用户外装备的方法，了解事故发生时的应急措施和求助方法。

第二，互救。互救首先要有友爱精神，同时，要审时度势、灵活机动、因地制宜、因陋就简地迅速采取应急措施进行救援。互救工作最重要的原则有：一是首先对伤病员进行急救处理，包括实施药物治疗，外伤包扎、止血、人工呼吸等，然后迅速护送伤病员至低海拔处或安全地点。没有担架时，可使用树木、背架、睡袋等制作搬运工具。二是在自己无力承担救援工作时，要立即千方百计地发出求救信号，不要无谓地拖延时间。三是救助他人时，要采取各种措施保证自己的安全。

第三，救援。在收到求救信息后应立即开展救援工作，其成功的关键在于救援工作的快速和有效，在于救援系统的完整性并时刻能够保持招之即来、来之能战的状态。组织一次救援活动要比在当地组织一次户外活动更加复杂和困难。具体措施如下：一是尽可能收集事故发生地区和事故状态的有关信息，包括遇难人数、性别、团队成员的健康状态、经验、能力以及携带的装备和食品是否充足等，还要了解遇难地点、范围和时间等。二是确定搜寻方案。在信息不全的情况下，确定在什么地方和如何开展搜寻是很困难的。搜寻工作的原则是全面、细致、不落死角、不轻易放弃。搜寻方法可分为空中搜寻和地面搜寻，最好是通过通信手段将两种搜寻方法结合起来。搜寻使用的技术手段很多，如使用定位仪、定向仪、红外线（或雷达）搜索仪、望远镜、夜视镜、声光指示仪、烟雾发生器、信号灯、搜寻犬乃至直升机等。三是现场急救。避免伤员病情的加重，为实施下一步救援工作做好准备。四是伤病员的搬运。搬运骨折伤员要做好骨折的固定，尤其是搬运脊柱损伤伤员时不能造成新的更严重的损伤。在深山峡谷中、悬崖下、雪山上搬运伤病员会困难得多，需要更多、更专业的装备和技术。五是将伤病员送至安全地区或医院。

第五章　户外运动生存技能及安全保障研究

第一节　户外运动生存技能解析

一、食宿生存

（一）采食取水

1. 采食野生植物

（1）可食野生植物的识别。可食野生植物，包括可食的野果、野菜、藻类、地衣、蘑菇等。对可食野生植物的识别是野外生存知识的主要内容，有着重要的实用意义。我国地域广大，寒、温、热三带气候俱全，而大部分是属于温暖地带，适合各种植物的生长，其中能食用的就有 2 000 种左右。野生植物的营养价值很高，含有多种维生素。采食野生植物的最大问题是如何鉴别有毒与无毒。有一个最简单的办法，将采集到的植物割开一个口子，放进一小撮盐，然后仔细观察这个口子是否变色，通常变色的植物不能食用。

（2）野果。我国地大物博，南北方的山野灌木丛中都生长着许多可食的野果。诸如：生长在低山丘陵常绿阔叶灌木丛中的桃金娘，山地落叶灌木丛中的山桃、胡颓子，石灰岩山地落叶丛中的小果蔷薇，河谷落叶灌木丛中的沙棘、沙地，灌木丛中的山荆子、稠李等，以及山樱桃、山柿子、猕猴桃、酸藤果、棠梨、坚果，等等。夏、秋两季这些野果都可以生食充饥。如无识别可食野果的经验，可仔细观察鸟和猴子都选择哪些野果、干果为食，一般来说这些食物对人体便是无害的。

（3）野菜。采食野菜的加工方法很重要，加工的目的主要在于去毒和去味。关于野菜的食法有生食、直接炒食或蒸食，还可煮浸。

2. 寻找水源

（1）运用感官寻找水源。第一，听。凭借灵敏的听觉器官，多注意山脚、山涧、断崖、盆地、谷底等是否有山溪或瀑布的流水声，有无蛙声和水鸟的叫声等。如果能听到这些声音，说明你已经离有水源的地方不远了，并可证明这里的水源是流动的活水，可以直接饮用。但要特别注意的是，不要把风吹树叶的"哗哗"声当作流水的声音。第二，嗅。利用鼻尽可能地嗅到潮湿气味，或因刮风带过来的泥土腥味及水草的味道。然后沿气味的方向寻找水源。当然这要有一定经验积累。第三，观察。凭着丰富的经验和知识，去观察动物、植物、气象、气候及地理环境等也可以找到水源。

（2）因地制宜寻找水源。根据地形地势（地理环境）判断地下水位的高低，如山脚下往往会有地下水，低洼处、雨水集中处，以及水库的下游等，地下水位均比较高。另外，在干河床的下面、河道的转弯处外侧的最低处，往下挖掘几米左右就能有水。但泥浆较多，需净化处理后，方可饮用。

（3）根据植物生长情况寻找水源。生长着香蒲、沙柳、马莲、金针（也称"黄花"）、木芥的地方，水位比较高，且水质也好；生长着灰菜、蓬蒿、沙里旺的地方，也有地下水，但水质不好，有苦味或涩味，或带铁锈。初春时，若其他树枝还没发芽，独有一处树枝已发芽，则此处便有地下水；入秋时，同一地方其他树枝已经枯黄，而独有一处树叶不黄，则此处便有地下水。另外，三角叶杨、梧桐、柳树、盐香柏等植物只长在有水的地方，在它们下面定能挖出地下水来。

（4）根据动物、昆虫的活动情况寻找水源。夏天蚊虫聚集，且飞成圆柱形状的地方一定有水；有青蛙、大蚂蚁、蜗牛居住的地方也有水；另外，燕子飞过的路线和衔泥筑巢的地方，都是有水源和地下水位较高的地方。再有，鹌鹑傍晚时向水飞，清晨时背水飞；斑鸠群早晚飞向水源，这些也是判断水源的依据。

（5）直接从植物中取水。在南方的丛林中，到处都有野芭蕉，也叫"仙人蕉"。这种植物的芯含水量很大，只要用刀将其从底部迅速砍断，就会有干净的液体从茎中滴出，野芭蕉的嫩心也可食用，在断粮的情况下，可以充饥。如果能找到野葛藤、葡萄藤、猕猴桃藤、五味子藤等藤本植物也可从中获取饮用水。另外，在春天树木要发芽之时，还可从桦树、山榆树等乔木的树干及枝条中获取饮用水。注意：千万不要饮用那些带有乳浊液的藤或灌、乔木的汁液，有毒。另外，还可以从芦荟、仙人掌及其果实中获取饮用水。

（6）根据气候及地面干湿情况寻找水源。如在炎热的夏季，地面总是非常潮湿，在相同的气候条件下，地面久晒而不干、不热的地方地下水位较高；在秋季地表有水汽上升，凌晨常出现薄雾，晚上露水较重，且地面潮湿，说明地下水位高，水量充足；在寒冷的冬季，地表面的隙缝处有白霜时，地下水位也比较高；春季解冻早的地方和冬季封冻晚的地方以及降雪后融化快的地方，地下水位均较高。

上述取水方法在野外缺水时是有效的，然而单纯地依靠上述方法去寻找水源却不是长久之计，且很复杂、很辛苦，只限于少数人员（3～7人）和短时间（3～5天）时使用，不适合人员众多或时间过长。就安全而言，最好不要远离水源超过一两天的路程，也不要单枪匹马独闯丛林。

3. 饮用水的净化处理

一般说来，除泉水和井水（地下深水井）可直接饮用外，不管是河水、湖水、溪水、雪水、雨水、露水，还是通过渗透、过滤、沉淀而得到的水，都应进行消毒处理后再饮用。那么，怎样进行消毒呢？方法如下。

（1）将净水药片放入水容器中，搅拌摇晃，静置几分钟，即可饮用，或可灌入壶中存储备用。一般情况下，一片净水药片可对 1 L 的水进行消毒，如果水质较混浊可用两片净水药片进行消毒。目前，军队都采用此法在野外对水进行消毒。

（2）如果没有净水药片，可以用随身携带的医用碘酒代替净水药片对水进行消毒。在已净化过的水中，每升水滴入 3～4 滴碘酒，如果水质混浊，则在每升水中加入的碘酒要加倍。搅拌摇晃后，静置的时间也应长一些，20～30 min 后，即可饮用或备用。

（3）亚氯酸盐，即漂白剂，也可以起到消毒的作用。在已净化的水中，每升水滴入漂白剂 3～4 滴，若水质混浊则加倍，摇匀后，静置 30 min，即可饮用或备用。只是水中有些漂白剂的味道，注意不要把沉淀的浊物一同喝下去。

（4）如果以上的消毒物品均没有，但正巧随身携带有野炊时用的食醋（白醋也行），也可以对水进行消毒。在净化过的水中倒入一些醋汁，搅匀后，静置 30 min 后便可饮用。只是水中有些醋的酸味。

（5）在海拔高度不太高（海拔 3 000 米以下）且有火种的情况下，把水煮沸 5 min，也是对水进行消毒的很好的方法。

（6）目前，有一种饮水净化吸管，在野外非常实用，形如一支粗钢笔，经它净化的水无菌、无毒、无味，无任何杂质，不需经过沸煮即可饮用，很方便。

另外，在野外工作或探险中，喝水的方法也要讲究科学性。如果一次喝个够，身体会将吸收后多余的水分排泄掉，这样就会白白地浪费很多的水。如果在喝水时，一次只喝一两口，然后含在口中慢慢咽下，过一会儿感觉到口渴时再喝一口，慢慢地咽下，这样重复饮水，既可使身体将喝下的水充分吸收，又可解决口舌咽喉的干燥问题。一标准水壶的水量，运用正确的饮水方法，可使一个人在运动中坚持6~8 h，甚至更长些。

4．应急解渴

（1）海水。在万不得已的情况下，是否可以饮用海水，这个问题目前有争论。有人认为，海水盐度是人体含盐量的四倍，喝了海水会使体内总渗透压升高，虽然暂时可以解渴，但不久就会大量排尿，使体内水分大量流失。但是也有不少人认为，短时间引用少量海水，会有利于延长生命。

被誉为"海军的榜样"的法国博士阿兰·邦巴尔认为，生死关头，在严格的控制下才能喝海水。他建议是2：1的比例，即用两份淡水、一份海水掺合在一起饮用，一般不会伤害人的身体，而会大大延长海上遇难者的生命。

（2）植物。如果找不到解渴的植物，还有一种极为简便的取水方法。澳大利亚飞行员布拉依安·卡瓦吉，曾将一个塑料袋套在树枝上，将袋口扎紧，树叶蒸发出来的水分就会聚集在袋子里。天气越热，蒸发量越大，得到的水就越多。利用这个方法，每天取水量可达1 L 左右。还可以用塑料布收集露水。从半夜到天明这段时间里，气温逐渐下降，空气中的水分便凝结成露水，贴附在地面或植物上。早晨将塑料布铺在草丛下面，摇晃植物，使露水一滴滴地落下来，积少成多，可解干渴之急。

（3）人尿。在实在无水的情况下，小便也可以应急解渴。实际上，小便并不污秽，只是因为心理作用，总得觉难以下咽。有条件可以做一个过滤器，在竹筒的底端开一个小孔，按顺序放入小石子、砂、土、碎木炭。将小便排泄于此，小孔下面就会流出过滤的水。

（二）选址宿营

户外运动如需住宿，往往会选择在自然环境条件下野外宿营，即野营。对于参加户外运动的爱好者而言，野营将为其带来更多的乐趣，而对于高山探险者来讲，营地条件的好坏则直接影响着登山的进程和队伍的战斗力。无论以何种目的野营，都必须熟练地掌握野营的技术和方法。

1．野营的三大纪律八项注意

（1）三大纪律。野营中需要遵守三大纪律的具体内容如下。

纪律一：帐篷要依次搭建。

首先搭建公用帐篷。在营地的下风处先搭好炊事帐篷，建好炉灶，烧上一锅水，然后再依次向上风处搭建用于存放公用装备的仓库帐篷与各自的宿营帐篷。当整个营地的帐篷搭建好时，烧的水已开锅，可以马上饮用并开始做饭。

纪律二：建好野外厕所。

选择在营地的下风处稍低一些，并远离河流（至少20米以外）的地方搭建厕所。最好是挖一个宽30 cm左右、长50 cm左右、深约50 cm的长方形土坑，里面放些石块和杉树叶（消除臭味）。三面用塑料布或包装箱围住，固定好，开口一面应背风。准备一些沙土、一把铁锹以及一块纸板。便后用一些沙土将排泄物及卫生纸掩埋，并用纸板将便坑盖住以消除异味。在厕所外应立一较明显的标志牌，使别人在较远处即可看到是否有人正在使用。露营结束时，用沙土将便坑掩埋好，并做好标记，告诉其他参加野外活动的人。

纪律三：带走你的垃圾。

不在营地留下一点垃圾是野营人必须恪守的纪律。纸类的垃圾可以焚烧后就地掩埋，塑料瓶、易拉罐等要装入垃圾袋带走，待回途中经过垃圾站时再丢弃，不可随处抛弃。

（2）八项注意。野营中需要遵守的八项注意包括：①尽量在坚硬、平坦的地上搭帐篷；②不要在河岸和干涸的河床上扎营；③帐篷的入口要背风；④要远离有滚石的山坡；⑤为避免下雨时帐篷被淹，应在篷顶边线正下方挖一条排水沟；⑥帐篷四角要用大石头压住；⑦帐篷内应保持空气流通，在帐篷内做饭要防止着火；⑧临睡前要检查是否熄灭了所有火苗，帐篷是否固定结实。

2. 营地的选址

（1）选择平坦的地面。可能你在晒日光浴时，喜欢躺在像地毯一样修整光洁的草坪上，但是在露营时，在一块天然的草地上露营并不是合适的选择。因为草地不够平整，而且非常潮湿，在炎热的天气容易滋生多种蚊虫，而落叶森林的层层落叶上或者针叶林铺满地面的松针之上、某些富含矿物质的土壤上、水流边的沙滩或者碎石堆上，都是搭建营地的好地方，因为这些地方都很平整。当人躺在防潮垫上时，会发现睡在坚硬而平整的地面上会比柔软但坑洼不平的地面舒服得多。

（2）地势的高低。如果你有不同的海拔高度可以选择，那么理想的地点应该是可以防风防雨、山洪淹不到的高处，那里也不会受到落石和雪崩的威胁。另外，海拔高低和温度有直接关系。如果感到寒冷难耐，应该尽量往低海拔地区移动；如果在闷热的天气中，则可以向相反的高海拔区域移动。

（3）多花一点时间。徒步旅行者对露营地地形的选择没有驾车旅行者的范围大，而且可能会深入地形非常复杂的地方，所以有时觉得找一块平整合适的露营地并非那么容易，不是岩石和小土丘大多，就是植被生长得过于浓密，但是多花一些时间找一个更舒服的露营地是十分值得的。在确定安扎帐篷地点时，可以把你的垫子拿出来试着在这块地面上铺一下。然后躺到上面检查是否过于倾斜或者有明显的突出物，这些都是让人整夜不得安眠的东西。

（4）躲避来自上方的危险。如果你的营地建在了可能发生落石、塌方、雪崩、泥石流的地方，是要冒很大风险的。如果迫不得已一定要在这些地方露营。起码应该避开山脚下的低洼地带和这些危险发生时直接经过的地方。另外，在树林中寻找搭建帐篷的地点时，应该注意避开那些已经开始往下掉树枝的死树，这有可能扎破你的帐篷或者砸伤人。还应该看一看附近有没有因为靠在别的树木上才没有倒下来的死树枯枝，闪电雷劈经常会导致这种情况发生，而一场大雨或者一点风都可能让它倒下来。另外，注意观察周围是否有大的蜂巢也很必要。

（5）排水性的优劣。选择营地时，排水的性能十分重要，尤其是在可能有倾盆大雨来临时更是如此。不但应该避免选择低洼地带，而且完全平整的地面也应该避免。尤其是那种没有缝隙的被压得很结实的土地，这种地面雨水不容易渗入而无处可流，从而导致营地被淹。在干燥的地区旅行时，在旱季即将结束的时候，不要选择在干涸的鹅卵石河道上扎营，一场暴雨就可能让这些地方恢复成一条宽阔的河流。在山区旅行，更应该找到洪水可能到达的最高水位线。因为暴雨会使小溪变成激流，每小时水位可以上涨好几米，甚至完全超出河道的范围，所以在河道上虽然平坦舒适，但某些季节是不适合在这里露营的。

（6）躲避蚊虫。在炎热而潮湿的天气里，成群的蚊子对于露营者来说可能是最可怕的东西。这种情况在没有一丝风的夜晚会更加严重，所以在选择露营地时，应该注意不要选择死水塘边、茂密的草地中和任何可能有积水的地方，这些正是蚊子容易滋生的地方。另外，蚊子不会在通风的地方聚集，所以在闷热的夜晚选择风口的地方是个好主意，如两座小山之间的地方，或者通风的隧道里。而在有风的坏天气里，应该尽可能地把帐篷搭在矮灌木丛中或者大石头堆中。在暴风雨来临时，首先要考虑的不是舒适与否的问题，而是选择的地点能否保证帐篷的安全。在大风中，平坦的地势并不是好的选择。

（三）生火野炊

野外生存中的吃非常关键，这是在自然条件下为身体补充必需的能量、维持生命不可缺少的手段。我们一般将野外的吃称为野炊。

搭建野炊灶是野营中很重要的一种技能，是野炊的基础和必备条件。通常搭建野炊灶时，要充分利用当地的地形、地物及所能寻找到的燃料来进行修建。现在，野营时人们还可携带汽油炉、煤气炉等现代化设备。但在不具备这些条件时，则需搭建简易、实用的炉灶，用来烧水、煮饭、烧烤等。通常搭建的野炊灶有以下四种。

（1）三石炉灶。三石炉灶是最简单、历史最悠久的一种炉灶。搭建三石炉灶时，要取三块高度基本相同的石块呈三角形摆放，将锅或壶架在其中，一般情况下锅底或壶底需距地面 20 cm 左右，如用牛粪燃料，高度不宜超过 20 cm，如用木柴则可适当加高。

（2）吊灶。吊灶是将锅或壶吊挂着的一种灶。具体搭建方法是：找两根上方有杈的树枝，将其竖直地插在地上，在两根树枝的中间（有杈的部位）横架一木棍或树枝、帐篷杆等，将锅或壶吊在这根横架着的木棍上，在其下方生火。另外，还可用石块垒一道 U 形墙，在其上架一木棍，将锅或壶吊挂在木棍上，在木棍的下方生火，U 形墙的开口应向风吹的方向，以利于燃料燃烧。在野营时，以上两种吊灶是使用最普遍的。

（3）木架灶。木架灶是指用较粗的树枝架起的炉灶。在森林地区有时找不到合适的石块建灶，就可用木架灶。具体搭建方法是：找 4~6 根长 30~40 cm 的粗树枝（最好是新鲜的或湿的树枝，可做木桩用），将其一端用刀削尖，按所用锅或壶的底面积，组成一个正方形或六角形钉在地上，在锅或壶的下方生火。

（4）坑灶。在既无合适石块又无树枝的情况下，也可在地上挖坑灶。坑灶的修建方法是：在地面上挖一个深 20~30 cm、长 120 cm、宽 30~40 cm 的斜形穴坑，坑口开向风吹的方向，用木棍或帐篷杆搭在坑的两边用土堆起的土包上，将锅或壶吊挂在木棍或帐篷杆上（一般锅底或壶底与坑之间的距离需在 20 cm 以上），在坑底处生火。

二、环境生存

（一）明确方向

在户外活动中，为了防止迷路，用最短的时间准确地到达目的地，必须掌握判定所在位置和方向的知识和方法。即便是很有经验的户外活动者也会有时迷路，新手在野外更容易晕头转向。掌握几种野外定向方法，即使在没有定向工具的时候也不至于迷失方向。

1. 工具定向

（1）利用手表定向。如果带的是有指针的手表，并且走时准确，可以利用手表确定方向。将手表的时针指向太阳，则时针与 12 点之间的夹角平分线就是正南。如果当时正好是 12 点，夹角为 0°，则 12 点就是南方。如果手表没有指针，可以用来掌握正午的时刻。在中午，物体阴影的方向就是北方。

（2）利用金属丝走向。利用细金属丝（缝衣针也可以）在头发、化学纤维上按同一方向摩擦，使其产生极性，然后在尽量减少阻力的情况下放置，则金属丝会逐渐指向南北方向。减少阻力的方法可以是悬吊，也可以是漂浮。

（3）利用日影辨别方向。人们都知道太阳东升西落，但这仅仅是大致的方向，而且，你迷失方向的时候并不一定正好是日出或日落时分。但我们可以利用日影辨别方向。晴天时，在地上竖立一根木棍，木棍的影子随太阳位置的变化而移动，这些影子在中午时最短，其末端的连线是一条直线，该直线的垂直方向是南北方向。通常在一张 50 cm×50 cm 的绘图纸上绘制一系列的同心圆，同心圆的半径以 1 cm 递增，钉在平板上并水平固定好，将一根 12～15 cm 长的细钢针或针状物垂直插在圆心上，当太阳位置变化时，影子的端点总会与同心圆相交。标绘出这些点，然后将同一个圆上的两点用直线相连，把这些直线的中心与圆心相连，这条连线就是南北线，圆弧顶的方向为北方。

2. 植物定向

有时野外的一些植物和植物生长的特征也是良好的方向标志。

（1）根据植物的趋光性确定方向。在北半球，植物大部分的花朵、叶子都朝向南方，根据这个特点，可以大致确定方向。

（2）根据喜阴植物确定方向。地衣、苔藓属于喜阴植物，在阳面，叶子较小、较干燥、手感较硬，并且有发黄、棕、红的倾向；在阴面，叶子较大、较湿润、容易折断，多呈绿色。

（3）根据植物形状确定方向。处于山嘴、岸边、风口处的孤立乔木往往可以指示方向。例如，山口的松树由于季节风的原因，树枝、叶都在南侧茂盛，北侧相对稀少；岸边的柳树枝条也会向南侧倾斜。这种现象在北方尤其显著。

3．观星定向

我国位于北半球，如果夜空晴朗，在任何位置都可以看到北极星。要找北极星，先要找到七颗组成"勺子"形的北斗七星。用目光连接勺子顶的两颗星，并将连线的长度延长 4 倍就能找到那颗很亮的北极星。北极星位于北半球的正北。

4．测风定向

季节风往往都有一定的方向性，在我国多数地区，春天一般刮南风，冬天一般刮北风，夏天西南风比较多，秋天东北风较常见。如果有当地的气象资料或生活经验，可以通过风向大致确定方向。当然，这种方法可能有一定的偏差。

5．根据残雪确定方向

无论天气有多冷，只要白天有太阳，阳面的雪肯定要比阴面的雪硬。如果天气不是很冷的话（-15℃ 左右），你还能在阳面的雪上发现融化的痕迹。如果白天的最高温度能够达到-5℃ 左右，就可以看到阳面的雪出现蜂巢状的融痕。此方法比较准确，但必须是残雪，至少是两天前的雪才有效。

（二）识别气象

在野外活动最令人担心的就是天气的变化。因此，应在户外运动出行前了解最新的天气状况，尤其是下载手机 App，随时查看天气预报。但天气预报通常只能报出大范围内的天气变化趋势，对于局部地区的小气候的变化无法预报，尤其是山区的小气候往往是一日多变，具体到你所在的户外区域，更是气象部门无法准确预报的。所以，最好的办法就是你自己掌握好预测天气的本领，通过观察自然界的各种变化，来判定未来可能的天气。因此，可以利用自然界的变化，通过观察天空中云的颜色、种类、风向等来预测天气。在我国民间，有很多观察自然变化来预测天气变化的方法，具体内容如下。

1．天气变化有征兆

在山地，会发现白天谷风是自山谷往山顶吹，而夜晚则是由山顶吹向山谷；白天（尤其是在早晨），可以看到山凹有一朵一朵的云团在逐渐分化为气雾进而消散，而在傍晚太阳落山时，西边山谷的上方出现了一片片橙色或是玫瑰色的晚霞；清晨，地面上有露水或是霜冻，而在傍晚时，山下会有雾，且进入夜晚后天气较凉，天空的星光很稳定，只有很少的星星在闪烁。那么，这些都在告诉我们，未来的天气会逐渐变得越来越好。相反，如果发现白天谷风是从山顶向山谷吹，而夜晚则从山谷吹向山顶；清晨，满山是雾，到了傍晚时仍没有消散，而且夜间气温会升高，很闷热，并且在黎明前星光闪烁不定。那么，这些都在告诉我们，未来的天气将会变得越来越差。不只这些，还有一个比较明显的现象，比如，发现在太阳周围出现了一个"大晕圈"，这是有雨的征兆；在月亮的周围出现了一个"小晕圈"，这是有大风的征兆；如果还发现云团行走得很快，并且逐渐有增多的趋势，这是有暴风雨的前兆；如果看到了半山谷的云雾在快速上升，这是暴风雨可能将要来临的征兆。

2. 看云识天气

通过观察云层来预测天气的变化，既有一定的科学依据，也是长久以来人们在日常生活中形成的可靠的经验。在我国的民间谚语中，有许多是告诉人们如何根据云层的变化来识别天气的。比如，"朝霞不出门，晚霞行千里"，这是在告诉人们，如果早上有彩霞最好是不要行远路，因为天气可能会变坏；而要是傍晚出现了彩霞，你就可以放心大胆地出远门了，因为天气不会有太大的变化。又如，"日落火烧云，明朝晒死人"是说，如果日落时西边出现了红云，第二天一定是个大晴天。而"红云变黑云，必是大雨淋"则告诉我们，如果随着太阳的升高，原先太阳初升时的红云变成了黑云，那么一场大雨很快就要来临了。这些谚语不仅易记，而且有它们科学的一面，可以用来作为你旅游途中识别天气的重要依据。

3. 观雾识天气

"十雾九晴""早上雾蒙蒙，中午晒得皮肉痛""早雾晴，夜雾阴"，这些都是通过雾来反映天气变化的谚语。其实，观察雾和观察云一样，都可以看出天气的变化。通过雾来预测天气是有其科学道理的：一天之中最冷的时刻应该是在天亮之前。这时，空气中水蒸气容易遇冷凝结成雾。如果夜晚天上无云，地表的热量散失得就会快些，这样，这天早上的气温就会低一些，出现雾的可能性大一些，而晚上无云又是天晴的象征，所以早上有雾预示着晴天。但如果是晚上有雾就不同了，这是因为晚上的雾多是由于地面稀薄的冷空气使空气中低层的暖湿空气发生凝结形成的，而晚上的雾又会使云层增厚、增多，逐渐变为阴天。所以，晚上有雾预示着第二天不会有好天气。

4. 观察动物预测天气

自然界的许多动物对于天气变化都十分敏感，如果我们留心观察，也可以了解一些天气变化情况。如燕子等在天空中飞行的高度较低，可能会有暴风雨要来临，因为在晴天里，燕子通常会在高空中捕食；如果在白天看见兔子寻找食物或是松鼠贮存粮食，这也可以说明天气可能会变得很糟糕。又如"蜘蛛张网，天将晴"，蜘蛛靠织网捕捉小飞虫为生，如果看到蜘蛛忙忙碌碌地在网上添丝，这就说明天气可能会转好。因为在雨天，蜘蛛织的网会因为空气变湿而受潮，黏度减小，很难捕捉到小虫。当天气要转好时，小飞虫也会活跃起来，蜘蛛就会加紧织网，捕捉飞虫。所以，蜘蛛添丝，意味着天气转好。其他如人们常说的"蜻蜓满天飞，风雨在眼前""蚊子飞成球，风雨将临头""蚊子骤然多，明日雨滂沱"等都可以作为识别天气变化的依据。

5. 其他预测方法

不仅通过观察云、雾和动物能够预测未来天气的变化情况，还有一些其他的方法。在野外，我们会燃起篝火，通过观察烟火上升的情况，就可以判断明天的天气。如果烟火稳稳地上升，明天的天气不会有太大的变化，依然晴好；如果烟火闪烁不定或者是升起又降下，那么可能会有暴风雨。在暴风雨来临前，木制工具把手会变得紧一些，盐也会因为吸取了空气中的水而增加潮气，甚至会化成盐水。当空气中的湿度增大时，声音会传得更远。空气中的味道也容易闻到，皮肤也会有黏黏的感觉。如果你有关节炎、鸡眼或者曾经动过手术，在空气湿度增大、天气发生变化时，都会有酸疼或是其他很不舒服的感觉，这些也会提醒你，天气正在悄然发生变化。还有，如果你是个卷发，你的头发也会帮助你判断天气。当天气变差时，你的卷发会变得特别容易缠绕在一起，不如往常那样易梳理，这时可能会有一场暴风雨在等着你。

当然，要准确判断天气的变化，既需要你有这些丰富的经验，也需要你根据实际情况去灵活判断。不能一看到某种现象，就认定天气肯定会发生相应的变化，因为大自然的变化有时候是任何人都始料不及的。

三、危难生存

(一) 求救营救

在野外，生存环境非常恶劣，各种灾难很可能会不期而至。对野外生存者来说，及时了解自己所面临的困境，通知别人，求得救援，是非常重要的。遇险求救时，要通过各种方式与别人取得联系。发出的信号要足以引起人们的注意。

1. 烟火信号求救

火光作为联络信号是非常有效的，遇险时可根据自身的情况发出信号。为保证其可靠程度，白天可在火堆上放些苔藓、青嫩树枝等使之产生浓烟；晚上可放些干柴，使火烧旺，使火升高。

燃放三堆火焰是国际通行的求救信号，将火堆摆成三角形，每堆之间的间隔相等最为理想，这样安排也方便点燃。如果燃料稀缺或者自己伤势严重，或者由于饥饿，过度虚弱，凑不够三堆火焰，那么因陋就简点燃一堆也行。

不可能让所有的信号火种整天燃烧，但应随时准备妥当，使燃料保持干燥，一旦有任何飞机路过，就尽快点燃求助。

火堆的燃料要易于燃烧，点燃后要能快速燃烧，因为有些机会转瞬即逝。白桦树皮就是十分理想的燃料。

可以利用汽油，但不可将汽油倾倒于火堆上。用一些布料做灯芯带，在汽油中浸泡，然后放在燃料堆上，将汽油罐移至安全地点后再点燃。点燃之后如果火势即将熄灭，添加汽油前要确保添加在没有火花或余烬的燃料中。

在白天，烟雾是良好的定位器，所以火堆上要添加散发烟雾的材料。浓烟升空后与周围环境形成强烈对比，易引人注意。

在夜间或深绿色的丛林中亮色浓烟十分醒目。添加绿草、树叶、苔藓和蕨类植物都会产生浓烟。其实任何潮湿的东西都可用来产生烟雾，潮湿的草席、坐垫可熏烧很长时间，同时飞虫也难以逼近伤人。

黑色烟雾在雪地或沙漠中最醒目，橡胶和汽油可产生黑烟。

如果受到气流条件限制，烟雾只能近地表飘动，可以加大火势，这样会使暖气流上升势头更猛，会携带烟雾到一定的高度。

2. 地对空信号求救

在比较开阔的地面，如草地、海滩、雪地上可以制作地面标志。如把青草割成一定标志，或在雪地上踩出一定标志；也可用树枝、海草等拼成一定标志，向空中发出求救信号。还可以使用国际民航统一规定的地空联络符号示意。

记住这几个单词：SOS（求救）、SEND（送出），DOCTOR（医生）、HELP（帮助）、INJURY（受伤）、TRAPPED（发射）、LOST（迷失）、WATER（水）。

3. 体示信号求救

当搜索飞机较近时，可用体示信号表达遇险者的意思。

4. 旗语信号求救

将一面旗子或一块色泽亮艳的布料系在木棒上，持棒挥动时，在左侧长划，右侧短划，加大动作的幅度，做"8"字形运动。

如果双方距离较近，不必做"8"字形运动。一个简单的划行动作就可以，在左侧长划一次，在右边短划一次，前者应比后者用时稍长。

5. 声音信号求救

如隔得较近，可大声呼喊，三声短三声长，再三声短；间隔 1 min 之后再重复。

6. 反光信号求救

利用阳光和一个反射镜即可射出信号光。任何明亮的材料都可加以利用，如罐头盒盖、玻璃、一片金属钳片，有面镜子当然更加理想。持续的反射将规律性地产生一条长线和一个圆点，这是莫尔斯代码的一种。即使你不懂莫尔斯代码，随意反照，也可能引人注目。无论如何，至少应该掌握 SOS 求救信号。

救援人员即使距离相当遥远也能察觉到一条反射光线信号，甚至并不知晓欲联络目标的位置，所以值得多多试探，这种做法只是举手之劳。注意环视天空，如果有飞机靠近，就快速反射出信号光。这种光线或许会使营救人员目眩，所以一旦确定自己已被发现，应立刻停止反射光线。

7. 留下信息求救

当离开危险区域时，要留下一些信号物，以便让救援人员发现。地面信号物使营救者能了解你的位置或者过去的位置，方向指示标有助于他们寻找你的行动路径。一路上要不断留下指示标，这样做不仅可以让救援人员追寻而至，还可以在自己希望返回时，也不致迷路——如果迷失了方向，找不着想走的路线，它就可以成为一个向导。

方向指示器包括：①将岩石或碎石片摆成箭形；②将棍棒支撑在树权间，顶部指着行动的方向；③在卷草中的中上部系上结，使其顶端弯曲指示行动方向；④在地上放置一根分叉的树枝，用分叉点指向行动方向；⑤用小石块垒成一个大石堆，在边上再放一小石块指向行动方向；⑥用一个深刻于树干的箭头形凹槽表示行动方向；⑦两根交叉的木棒或石头意味着此路不通；⑧用三块岩石、木棒或灌木丛传达的信号含义明显，表示危险或紧急。

（二）自我生存

户外探险、野外生存，正越来越成为深受现代人喜爱的休闲运动项目。值得注意的是，尽管人类也是从自然界走出来的，但是现代人远离野外环境已经太久，越来越依赖人工环境生存。在进入自然环境中进行探险活动时，如何能在此环境中安全生存的问题就显现出来。

真正的探险者，绝不轻率地对待自己的生命。户外探险的意义不是拿生命去冒险，相反，要尽一切努力降低或避免危险发生的可能性。学习野外的生存方法，是希望每一个参加户外活动的人，除充分进行物资及身体准备之外，还能具备一定的自救互救知识和技术能力，完满体验精彩的户外活动过程。

行囊中的应急装备：报纸、高锰酸钾、保温毯。

出门参加户外活动，生存和保护自身安全的必备物品是肯定要带的。除此之外，建议随身再带上一点报纸、高锰酸钾、保温毯。别小看这三样东西，它们的作用可非同一般！重量轻、体积小、携带方便，是你行囊中不可缺少的自救互救物品。

1. 报纸

户外活动时，报纸的重要作用是众人皆知的，千万不要随意丢弃。报纸具备保暖、消遣、当夹板、点火、驱虫等功能。

（1）保暖。运动就会出汗，尤其是在大运动量的户外运动后。出汗会使衣服潮湿，休息时，被风一吹，会带走身体的热量，不仅增加寒冷程度，黏在身体上的湿衣服还让人行动不便，这是出游者最常见的、难以避免的头疼事。户外运动是一项体育运动，本身就会消耗大量的体能，所以出游者一般都是轻装上阵，不可能带很多套衣服供随时更换。尽管现在不少的户外装备厂商研制了防潮、通风、保暖的衣料来解决出汗带来的问题，但价格昂贵。那么，报纸就是解决这个矛盾最简单、最经济、最应急的方法。

用报纸来保暖的效果非常好，使用方法也很简单，将报纸前后贴身铺平就可以。报纸致密性强，挡风效果很好，相当于多穿了一件保暖内衣。出汗后，报纸会吸附汗液，而不至于使衣服沾湿。轻轻地将已经潮湿的报纸取出，在空气中抖干，再次使用就可以了。

（2）防暑。夏天出游，烈日当头，暴晒后可能会中暑。报纸可用来当作帽子，挡住烈日。

（3）消遣。迷路是出游常见的事，当你孤身一人在山里迷路等待救援时，最好的伙伴就是报纸。看报纸可以消磨时间，大声朗读报纸可以战胜恐惧，说不定报纸上的幽默消息还能让你开怀大笑呢。黑暗中，燃烧的报纸还可当成明显的目标，帮助救援人员发现你所在的位置。

（4）点火。在报纸上倒一小勺高锰酸钾，再滴上几滴汽车防冻液，把报纸揉成一团，3 秒内就会着火。

（5）驱虫。野外有各种飞虫走兽出没，尤其是扎营休息时蚊虫的干扰，令人烦躁。点上一张略潮湿的报纸，产生的烟可以驱走蚊蝇甚至爬行动物；燃烧的火焰，还可驱走走兽。

（6）夹板。在行进中，摔伤是常见的损伤。在现场无法断定是扭伤还是脱臼，甚至骨折的情况下，急救原则是都当成骨折来处理。那就是让受伤部位制动（固定不动），避免移动造成伤处再次损伤。制动就要使用夹板，在户外获得夹板的机会很多，如树枝、树干，但是最安全、最便捷的夹板就是报纸。报纸柔软不伤皮肤，省去使用树干做夹板需要大量衬垫的麻烦；报纸轻便，不增加更多的分量，减轻搬运的负荷；报纸可塑性强，运用自如。使用方便。

（7）纠正呼吸性碱中毒。高山空气稀薄，人会利用加快呼吸来改善缺氧状况，过度呼吸会呼出更多的二氧化碳，造成呼吸性碱中毒，严重威胁人的生命。如果将报纸卷成漏斗状，在漏斗顶端留出直径 1 cm 的小孔，用漏斗的底部包住口鼻，一部分呼出的二氧化碳又被吸入呼吸道，用此方法可预防和纠正呼吸性碱中毒。

2. 高锰酸钾

高锰酸钾是最常见的化学物品，在户外运动中，它也是必不可少的，可说是"高锰酸钾真神奇，小剂量解大难题。净化水、做标记，清创、消炎解毒力，摩擦生火三十秒，困在深山不用急。"

（1）生火。根据高锰酸钾与有机物接触、摩擦、碰撞，能够产生热量引起燃烧的原理，将一份砂糖两份高锰酸钾混合后，在干木片中间研磨，如果天气干燥，木片很快就能燃烧，时间短、效果好。

（2）净化水。高锰酸钾是自来水厂净化水用的常规添加剂。在野外取水时，1 L 水中加三四粒高锰酸钾，30 min 即可饮用。

（3）消炎。高锰酸钾为强氧化剂，遇有机物即放出新生态氧，有杀灭细菌的作用。其杀菌力极强，临床上常用浓度为 1：2 000～1：5 000 的溶液冲洗皮肤创伤、溃疡、鹅口疮、脓肿等。溶液漱口可用于去除口臭及口腔消毒。需注意的是，溶液的浓度要掌握准确，过高的浓度会造成局部腐蚀溃烂。在配制溶液时要考虑时间，高锰酸钾放出氧的速度慢，浸泡时间一定要达到 5 min 才能杀死细菌。配制溶液要用凉开水，用热水会失效。

（4）洗胃。在野外误服植物导致中毒时，要尽快洗胃，减少毒性物质吸收，简单的方法就是用 1：1 000～1：4 000 浓度的高锰酸钾溶液洗胃。检验此溶液浓度的简易方法是观察溶液呈淡紫色或浅红色即可，如果溶液呈紫色、深紫色时，其浓度已达 1：100～1：200，这种极高浓度的高锰酸钾溶液可引起胃黏膜的溃烂，绝对不能用它洗胃。误服极高浓度的高锰酸钾溶液会造成中毒，所以要注意安全使用。

（5）做标记。在雪地上迷路时，可将高锰酸钾颗粒撒在雪地上，产生的紫色可以给救援者引路。不过，颜色通常只能保持两小时左右。

值得说明的是，高锰酸钾是强腐蚀剂，使用时，不要直接用手接触，以免烧坏皮肤。只有配成合理浓度的溶液时，才可直接接触。

3. 保温毯

保温毯在自救互救中的作用，已经越来越被世人重视。国际通用的保温毯实际上是锡箔纸做成的，一般长 2m 宽 1.8m，折叠起来也就是烟盒大小，比一盒香烟还轻。在户外运动中，保温毯有着很大的作用。

（1）保温。保温毯顾名思义就是用于保温的毯子，寒冷时，将其裹在身上或易受冻的部位，可以反射人体散发出来的热量，达到保温的效果。

（2）急救。体温下降会加剧受伤者的伤情，包裹保温毯对伤患者是一种保护。另外，当看到伤患者身上包裹了保温毯，表明此人已经受伤并且经过了初级急救，医务人员会优先对其做进一步的检查和处理，伤患者得救的机会就增加了。

（3）反光。野外遇难时，将保温毯裹在身上，利用其反光作用帮助救援人员寻找目标。

（4）当担架。保温毯韧性好、轻便、柔软、可塑性强，可以用来当担架。实验后发现，让 100kg 重的人平躺在展开的保温毯上，6 个人同时拎起保温毯的四个角和毯边的中间，都不会破损。需要注意的是，这种担架只是短距离使用的临时措施。使用时注意同步操作，否则会轻易撕破，摔伤伤病员。

第二节 户外运动安全保障

一、绳带保障

（一）安全带

在高海拔登山、攀岩、高空游戏等活动中，我们经常需要使用安全带。安全带是连接使用者和主绳的装备，需要能够承受一定强度的冲击力。作为保护系统中的一部分，安全带的主要作用是为使用者提供舒适、安全的固定。另外，登山、攀岩时通过安全带上的装备环也可以携带快挂、铁锁等技术装备。

1. 分类

（1）根据使用分。根据安全带的使用可以分为可调式安全带和不可调式安全带。

可调式安全带：广泛应用于登山、攀冰、攀岩等户外活动。腿部的固定环可以根据身体体形来调整，适用范围较广，所以购买、使用较多。

不可调式安全带：主要用于攀岩等活动，腿部的固定环比较舒适但不可调整，使用者需要选择合适自己身材体形的大小规格。

（2）根据形式分。根据安全带的形式可以分为坐式安全带、胸式安全带和全身式安全带。

坐式安全带：基本可应用于各项户外活动，是最为常用的一种安全带。主要由腰带、腿环、装备环等部分组成，外形类似一条短裤，穿着时两腿分别套入腿环，系紧腰带扣和腿环即可。此类安全带重量轻，携带、使用都很方便，应用范围很广。

胸式安全带：由于坐式安全带的保护点在腹部附近，如果身体重心比较靠上，则滑坠时可能会头部向下，十分危险。而胸式安全带可以为使用者多提供一个保护点，在发生危险的时候，可以保证使用者的身体平衡，提高安全性。注意：绝对不能单独使用胸式安全带，需要使用时一定要配合坐式安全带一起使用。

全身式安全带：将胸式安全带及坐式安全带合为一体，构成了一个完整的全身保护系统。由于全身式安全带的受力点较多，所以能够将冲击力平均分散到身体的各个部位，而且可以避免因身体失去平衡而造成的身体倒转坠落。此类安全带比较适合小孩子和初学者使用。

（3）根据用途分。根据安全带的用途可以分为以下几种。

登山用安全带：在攀登高海拔雪山时，由于多人结组保护的需要，每个队员都需要穿戴安全带，以达到彼此间保护的目的。与攀岩相比，登山用安全带的设计以功能性和轻质为主，如在腰带上一般都设有 2～4 个装备环以便于穿脱衣服，甚至在危险地带上厕所和睡觉的时候都无须脱下安全带。一般高山着装都比较厚，安全带正好减少了护垫的设计以减轻重量和体积。材料方面，登山用安全带主要选择防水、耐磨的材质，以适应寒冷潮湿的雪地环境。

野外攀岩用安全带：在野外攀岩，一般需要在岩壁上待很长的时间，而且一般攀岩时穿着衣物较少，所以此类安全带的设计主要强调舒适性和功能性。比如，为了减轻腿部的不舒适感，柔软的腿环护垫必不可少。另外，在腰带部位也可以将护垫加厚垫高。材质方面外层多选用耐磨材料，贴身部位则以透气、速干的材料为主，使汗水可以迅速排出。在安全带的前面还需要设有一个绳环，用于下降和保护。另外，为了便于携带修路器材，安全带上的装备环也是必需的。

运动攀岩用安全带：运动攀岩需要尽量减轻攀附在身上的负担，所以需要重量轻、舒适性高的安全带。为了减轻重量，此类安全带的带子宽度比普通的窄。另外，还多采用不可调式腿环，减少了搭扣，装备环也是尽量减少。但是根据使用的需要，在安全带的前部需设有绳环，用于下降和保护。

2. 结构及功能

（1）腰带。腰带是固定使用者身体的主要部分，由腰带和腰带扣组成，腰带承载了大部分的冲击力。通常腰带的内层为柔软的护垫，外层为耐磨的尼龙。腰带扣分为单扣和双扣，双扣调节方便。为了保证安全，目前腰带扣都是采用反扣设计，即腰带穿过扣子后需折回再次穿过腰带扣收紧。这样可以在受到冲击力时，保证腰带不会从腰带扣中滑出。

（2）腿环。腿环用于固定腿部，不可调式安全带的腿环采用有弹性的材质，而可调式则每个腿环都有一个收紧扣，穿上安全带后可以根据体形和攀登方式来确定大小。和腰带扣一样，腿环上的收紧扣也采用反扣的设计。

（3）装备环。装备环大多设在腰带上，主要用于携带粉袋、快挂、铁锁、岩锥、岩石塞等器材。这些器材可以用铁锁扣在装备环上，需要时可以方便取用，一般安全带都设有 2~4 个装备环。

（4）绳环。绳环位于腰带的前部，主要作用是让使用者可以方便地为别人做保护或者自行下降。

3. 购买时的参考因素

安全带使用的范围很广，从攀登雪山到室内攀岩、溯溪、高空游戏等，每项运动对于安全带的需求都不同，可能有重合，可能有特殊的需要；加之安全带又类似于衣服，根据个人的体型的不同，需要的型号规格也不尽相同。所以在购买安全带时应该考虑到实际使用的环境和要求，然后选择最适合的安全带。

（1）用途。用途是决定安全带型号最关键的因素，购买时可以根据自己最常进行的户外活动来决定，如高海拔登山，可以选择可调坐式安全带，尽量选择重量轻的，腰带和腿环可以不用太厚的护垫，且至少配合两个装备环。如果是为拓展中的高空游戏购买安全带，如高空单杠等项目，则最好是全身式安全带。参加溯溪活动的安全带除了一般的要求，还需要材料经过防水处理，而且需配有保护"短裤"，防止衣物被岩石磨破。

（2）体型。挑选适合自己身材的安全带很重要，如果太紧，会限制灵活性，活动时会因压力过大感觉不适；太松，则会产生滑动，甚至身体会滑落出来。虽然一般安全带都有比较广的适用范围，但是购买安全带时，使用者最好自己亲身试穿一下。同时，要考虑到在户外的衣服厚度，攀岩穿着单层衣物即可，而高海拔登山则需要穿多层衣物，所以收紧扣无论紧松都要留有余量，否则就要更换尺寸。另外，如果活动需要使用到背包，还要考虑安全带和背包的配合不能有矛盾。具体的调试方法如下。

腰带：穿上安全带后，腰带应处在髋骨上方位置；穿好后反扣收紧腰带扣，腰带应该还能有一定长度的剩余；使劲向下拉动腰带，安全带不能脱落。

腿环：如果是不可调式安全带，则腿环的大小应根据让大腿感到舒适、没有紧迫感来选择；如果是可调式安全带，则和腰带一样，带子通过收紧扣系紧后，末端应该还要留有一定长度的剩余。

4．使用技巧

（1）在使用安全带之前，一定要检查安全带是否有缝线脱落、缺口和其他损坏的情况。

（2）每一款安全带的固定方法都不尽相同，所以使用者一定要熟悉所穿戴的安全带的使用方法和程序。

（3）所有的扣子必须反扣收紧，使用前调整好松紧度，多余的带子可以别起来，使用过程中不要解开安全带。

（4）装备环不能用于任何形式的保护。

（5）安全带有一定使用寿命，一般为 2～3 年，如果使用频繁或者经常发生冲坠，则寿命要短许多。

（6）使用中要避免以下情况：冲坠、摩擦岩壁、沙石侵入、冰爪踩踏、阳光直射等。

（7）尽量不要购买二手的安全带，尤其是使用情况不明的安全带。

（二）绳子

无论是攀岩登山还是溯溪垂降等户外活动，绳子都是必不可少的装备。早期的登山家、航海家为了互相保护，已经开始使用由天然纤维制成的绳子，直到今天我们还能在某些地方看到此类绳子。但是此类绳子的抗冲击力、耐磨性都不能满足现代登山、溯溪等户外运动的要求。随着人工材料的不断发明，人们推出了各种新型的绳子。到了 20 世纪 50 年代，出现了夹心绳，很好地解决了承重和耐磨两个关键的问题。

没有任何一种装备比绳子对于登山者来说还重要了。试想一下，你的身体重量是全部依靠一根绳子维系着，在发生滑坠的时候，高速的下落会对绳子产生极大的冲击力，这个时候你就会意识到绳子的重要性，一根绳子足以决定我们的生死。

1．分类

绳子可分为静力绳和动力绳两大类。在有冲坠可能的户外活动中，如攀岩、登山等，一定要用动力绳。静力绳则主要用于探洞、高空作业、溯溪、下降等活动。静力绳一般为单色，而动力绳有多种颜色交织在一起。

（1）静力绳。伸缩性很小的绳子我们称之为静力绳，直径通常为 9～11 mm，其在受到拉力的情况下只会有很小的延伸量（2 %左右），比动力绳耐用。静力绳不能通过绳子的伸缩来吸收拉力,由于冲坠时静力绳会对身体和保护点带来强大的冲击力,所以一般被用在不会发生长距离坠落的户外活动中。攀岩的上方保护方式也可以用到静力绳。

（2）动力绳。动力绳具有较大的伸缩性,其延展量可以吸收攀登者滑坠时所带来的动能。发生滑坠时,如果使用静力绳,在高速下突然停止,身体会受到强大的冲击力,甚至会因此受伤。在采取先锋式攀登和多人结组时一定要使用动力绳进行保护工作。当然,动力绳的延展性不是越大越好,一般单绳的延展性为 7 % ~ 8 %。动力绳又分为单绳、半绳、双绳三类。

单绳:直径通常为 9.4 ~ 11 mm,重量为 60 ~ 80 g/m 单绳简单易用,是最常用的一种绳子,用于连接攀登者和保护系统。此类绳子主要适合用在垂直或曲折较少的攀登路线。

半绳:直径通常为 8.1 ~ 9.1 mm,重量为 47 ~ 54g/m。攀登者在使用时需要同时使用两条绳子。半绳的操作比较复杂麻烦,因为需要两条同时使用,所以重量和体积上也要大于单绳。半绳主要适用于难度较高、有长距离横向或者曲折较多的攀登路线。两条绳子等于两个不同的系统同时使用,所以半绳最大的好处是当绳子被尖锐物损坏时或者领攀者坠落时,可以大大降低冲击力,能最大限度地保证攀登者的安全。

双绳:是指将两条较细的绳子(直径 7.4 ~ 8.8 mm)当成一条单绳使用,两条绳子挂进同样的保护点。双绳构成的保护系统能比单绳更好、更多地吸收冲击力,并能承受较多次的冲坠。双绳不适合单独使用,但是如果双绳系统中一条绳子被割断或者损伤,另外一条还能保证攀登者下降到安全地带。另外,双绳单位重量较轻,利于携带。

2. 结构功能

（1）构造。现代登山使用到的绳子是由"绳芯"和"绳皮"两部分所构成。里层的绳芯主要承受力量,外层的绳皮紧紧包裹在绳芯外面,起到防磨的作用。绳子通常是用尼龙纤维编织而成,而编制过程中的方式决定了最后生产出来的是"绳芯"还是"绳皮",同时也决定了绳子所能承受的最大拉力和冲坠力。

绳芯:承受了大多数的重量和冲坠力,大多数绳芯是采用缠绕和编织的方式来生产的。静力绳通常采用平行排列方式的尼龙纤维,目的是减少延展性。而动力绳绳芯主要采用弹簧式编制方式,在一定的范围内可以快速复原,超过范围或者多次拉伸则会丧失复原能力。

绳皮：主要作用是耐磨，决定了绳子的耐用性。机器在生产绳芯的同时，也包裹上绳皮。绳皮的厚度和缠绕圈数在绳子的耐磨性和耐久力上起着关键作用。松软的表皮虽然手感很好，但是这样的绳子易变形、易磨损；紧绷的表皮虽然有较好的保护性能，但是太过僵硬不易操作。单股绳皮光滑、摩擦力小并且手感好，通常用于半径很小的绳子；而双股绳皮价格较高，但是耐用性较好。另外，有些绳皮在编织过程中会变换样式，攀登者在使用过程中可以根据绳皮的不同而定位。

（2）材料。制造绳子的材料通常用比铁的拉力更强的尼龙纤维。6号尼龙是制造动力绳的重要材料，这种材料的分子构成有很好的弹性和延展性。6.6号尼龙通常用于制造静力绳，此类材料有较好的耐高温能力和承受力。

（3）防水处理。尼龙材料较为容易吸收水分，一条绳子吸收水分之后，不但重量增加，其耐磨性和强度也会大大减小。尤其在寒冷的地区，吸水后的绳子还会结冰变得僵硬，带来使用上的困难。所以很多绳子做了防水处理，在生产的时候就对纤维进行干燥处理。这样的处理在攀冰和高海拔登山中显得尤为重要。另外，除了能够防水、延长使用寿命外，防水处理还能提高绳子的耐磨性，降低使用中岩石和铁锁对绳子的损耗。

3. 购买时的参考因素

绳子是登山保护系统中最重要的一项装备，挑选时要十分慎重。不同的绳子适用于不同类型的户外活动，没有一种绳子可以适用于所有活动，所以在选择时应该根据实际需要合理地挑选、购买绳子。具体购买时可以综合参考以下几点。

（1）用途。购买时首先要考虑绳子是用来做什么的，确定了用途也就确定了绳子的种类。静力绳通常用于探洞、高空作业、溯溪等活动，也可以作为路绳和攀岩时的上方保护。而动力绳的使用范围主要是高山攀登的结组和先锋攀岩的下方保护。一般雪山的结组，单绳就可以达到保护的目的，但是在技术性登山和野外攀岩时，锋利的冰块和石头可能像刀一样割断绳子，所以双绳是个很好的选择。

（2）直径。通常情况下，相同材料工艺的绳子直径越粗，强度越大，寿命越长，但同时也会操作不便，重量也更重，携带会比较吃力。直径一般用毫米表示，初学者或者无须长途行走的活动可以选择 11mm 直径的绳子，常规的攀爬可以选择 10 ~ 10.5 mm 的绳子，而高山攀登者适合选择直径较小的绳子，因为其更加轻便。

（3）重量。绳子的重量一般按 g/m 计算，单位重量相差十几克，那么一条绳子就可能相差 1 kg，而在登山时增加 1 kg 重量代表着需要耗费大量的体力。当然需要注意的是，不要为了追求质轻而选择直径小的绳子，而应该先确定绳子是否能达到使用强度。

（4）长度。从专业户外用绳开始使用后，主绳的长度越来越长，可供攀爬的绳距或垂降的高度也越来越大。目前市面上攀岩主绳长度从 50～70 m 不等。绳子越长作保护系统的次数也越少，遇到较长的线路时使用更加方便。在攀爬初级雪山时，可以使用 100 m 甚至更长的半绳作为保护。当然绳子长了，重量、体积和价格也随之增加，而且在滑坠时增大了拉力。另外，要注意绳子有收缩性，在使用一段时间后，可能会变短。

（5）柔软性。绳子的柔软性会影响使用者的操作，柔软性大的绳子，比较容易打绳结，但当绳子受力后，绳结收紧会比较难解开；而柔软性小、较硬的绳子，能轻易穿过不同的钩环，绳结也比较容易解开。在挑选绳子时，可以用手仔细触摸绳子表面，看绳皮和绳芯是否光滑且没有褶皱，尽量不选过软或者过硬的绳子，把绳子卷起来看是否僵硬，如果用手挤压很容易变形的绳子就是过软了。

（6）颜色。一般来说，最好选择较深颜色的绳子，浅色绳皮容易弄脏。登雪山或者攀冰的时候，最好选择鲜艳的色彩，以便于在野外环境中的辨认。静力绳一般为单色，辅色不能超过两种；而动力绳颜色众多。选择半绳或者双绳时，每对绳子颜色需要有较大差别，否则容易混淆（注意：除了颜色，半绳或者双绳需要直径、长度、牌子都是一样，否则其中一条会特别容易损坏，造成危险）。

（7）防水。做过防水处理的绳子价格要比一般绳子贵一些，但是带来的好处就是在潮湿、寒冷的环境下能够保证使用。另外，防水处理也能延长使用寿命，所以如果不是只为了在室内使用，建议买那些经过防水处理的绳子。

4. 使用技巧

（1）尽量不要将绳子借给别人使用，除非你和他是一个团队的。也不要借别人的绳子使用，也就是说不要用情况不明的绳子。

（2）尽量不要让绳子接触地面，最好放在绳袋上，以便减少小石子钻入绳子内部的机会。

（3）不要踩踏绳子，一些肉眼不易看见的沙粒会因此钻进绳子，在绳子内部如同刀子般切割绳芯纤维和绳皮。

（4）穿着冰爪的时候一定要小心，不要踩到绳子，虽然绳子表面可能看不到损伤，但是里面的尼龙纤维却可能已经被割断。

（5）尽量避免让绳子通过尖锐的岩角、冰块等地方，如果需要通过，最好将绳子和尖锐部位之间用布或绳套垫住。

（6）绳头如果不做处理，是很容易散开的，可以用火烧绳头使尼龙纤维熔化黏合。也可以在需要切割的部位缠绕上强力的胶条，然后从胶带的中部切下。

（7）绳子不可直接穿过挂片、扁带等器材，和这些器材的摩擦会对绳子造成伤害，挂片的边缘在受力的情况下可等于刀割的效果，也不要把绳子绑在树上。

（8）除双绳外，不要将两条绳子穿过同一个铁锁，尽量避免两条绳子间的摩擦。

（9）在潮湿的环境下应该使用经过防水处理的绳子，被打湿的绳子强度降低，磨损也快。

（10）不要高速下降，否则摩擦产生的热量会破坏绳皮，而跳跃式的下降，则会对保护点和绳子造成非常大且不必要的冲击。

（11）掌握自己绳子的使用状况，可以给每条绳子做使用记录，记下使用次数、使用环境、坠落的次数和坠落情况、是否被人踩过、与绳子连接器材的状况等。

（12）绳子的使用寿命取决于你使用的频率和使用情况，所以不要关心你使用了多久，而是应该凭借自己的判断，决定是否能继续使用。可以用手对绳子进行检查，观察绳皮上是否有很严重的细毛、某处特别松弛、绳子的粗细不均匀或绳子上有肿块和鼓包出现等，出现这些迹象的任何一种都表明你该更换一条新的绳子了。在每次使用前和发生滑坠之后都要进行这样的检查。

（13）绳子是消耗品，不可能终身使用，如果发现绳子有问题应该立刻更换新的，不可掉以轻心。报废的绳子可以改作日常他用或者彻底销毁，避免其他人在未知的情况下使用。

（三）扁带

扁带是一种用途广泛的保护工具，可以用来连接快扣、提供缓冲、携带装备等。扁带可以为使用者提供很多便利，拥有很高的强度与耐磨性，能够大大增加保护系统的安全系数。

1．分类

扁带可分为以下几类。

（1）散扁带。散扁带的长度可以根据需要随意裁截，使用方便，安全系数较高，但需要使用者能够自行熟练打结。

（2）快挂扁带。快挂是保护系统不可缺少的一部分，快挂扁带用于连接两个铁锁，形成一个快挂。快挂扁带的两端均以缝线束紧，长度为 10～25 cm。快挂扁带通常能承受 22 kN 的力。

（3）成型扁带。成型扁带是厂家根据大多数使用者的需要推出的成品扁带，其长度多为 30～120 cm。由于合格的成型扁带需要经过专业测评才能销售，所以此类扁带拥有较高的安全系数。大多数使用者都是直接购买成型扁带。

（4）菊绳。菊绳也叫"扁带链"，是一种上面缝着数量不等的环的扁带，环和扁带的连接处都有加强的缝线。使用者可以通过菊绳方便地携带各种登山器材。另外，有些地段需要设置比较复杂的保护系统，也会使用到菊绳。

2．结构功能

扁带并非一条简单的尼龙带，其制作、检测、使用都有严格的要求。

（1）材料。扁带通常是使用尼龙带经特殊方法缝制而成，具有高强度、耐磨性、抗剪切性等性能。例如，常使用到的防弹纤维（Spectra）具有同等重量的钢材 10 倍以上的抗拉力，而且质轻不易吸水，寒冷环境下可以减少冻结，尤其适合雪山攀登和攀冰。

（2）尺寸。成型扁带的长度为 30～120 cm，一般常见的长度有 30 cm、60 cm、120 cm。快挂扁带要短些，一般常见的有 10 cm、15 cm、20 cm 和 25 cm。有些使用者还可以根据自己的需要用散扁带自制需要的长度尺寸。扁带的宽度有 12 mm、16 mm、18 mm、20 mm 等不同规格。

（3）用途。在登山过程中，扁带环是应用广泛的保护工具，可用于做确保点和法式抓结等。而用作缓冲的扁带可以在很大程度上缓解冲坠造成的冲击力。整个保护系统能够承受的最大力适用于"木桶原理"，所以无论其他器材有多大的承受力，系统所有器材中承受力最低的那个标准就是整个系统能够承受的最大冲击力。我们可以使用缓冲扁带延长缓冲的时间，使攀登过程中的冲击力尽量小，不会超过系统的最大承受力。

3．购买时的参考因素

（1）能够熟练使用绳结的登山者可以考虑购买散扁带，然后根据自己的需要剪裁长度。

（2）一般登山爱好者最好选择购买成型扁带，散扁带虽然方便选择长度，但是对于使用者的要求较高，为了保证安全，经过检测的成品相对安全系数较高。

（3）扭曲会导致扁带承重时更易断裂，管状或者较宽的扁带容易被扭曲，所以购买时可以选择较窄的扁带。

（4）一般的活动都需要携带一定数量的扁带，购买时可以根据需要购买不同长度的数条扁带。

4．使用技巧

（1）为了增加攀登的安全系数，可以在易发生冲坠的情况下，使用缓冲扁带，如果有必要甚至可以连接两个缓冲扁带，进一步增加缓冲距离。注意缓冲扁带为一次性使用。

（2）扁带的尺寸有所不同，但一般每增加一个长度都是以前长度倍数增加，这样有利于配套使用。

（3）扁带留出的两节绳头需要用胶布或透明胶绑在扁带上，以免缩短脱离。

（4）携带扁带时可以斜挎在肩上，或是打几个结，要避免多出的绳头绊倒自己。

（5）如果不是机制扁带，如自制扁带，一定要在使用前仔细打好结，避免因人为因素造成危险。

（6）菊绳属静态绳，只能用于承受身体的重量。

（7）使用时应该尽量避免扁带扭曲，以免出现危险。

二、器具保障

（一）铁锁

铁锁（carabiner），也有人叫"钩环""主锁"等，虽然现在已经有各种材质的锁，但是国内已经习惯性称之为铁锁。铁锁是户外活动中用途最广、不可缺少的基本装备之一。其主要作用是攀登时用来联结保护系统的各个点，如攀登者和登山绳、登山绳和保护点等，攀登者携带岩石塞等器材时也要用到铁锁。在攀登过程中，铁锁可以代替许多复杂而烦琐的绳结，使用十分方便。早期登山时使用的铁锁是用钢或铁制成的，钢质的特点是坚固耐用，承受力大；缺点是较沉，不方便大量携带。目前市场上的铁锁多采用合金材质，以求质轻且坚固，一般合金材质可承受的拉力能达到 20~30 kN，足以保障攀登者的安全。

1. 分类

根据形状可以把铁锁分为三类。

（1）O 形锁。外形类似字母"O"，为最基本的铁锁外形，其左右对称、两侧受力均等。O 形锁的使用较广，因其形状，绳环在受力时不会改变方向随意移动，所以在使用上升器、下降器或滑轮时，必须搭配 O 形锁，加之其内部空间较大、活动性好，侧边较为平滑、摩擦力小，所以可较多地携带器材，且比较方便取用。但是由于 O 形锁受力时，是由两侧平均分担，开口处会受到较大的力，所以 O 形锁的整体强度一般较弱，很少用来直接受力。

（2）D 形锁。顾名思义，其外形类似字母"D"。其设计目的在于能将更多的力让没有开口的一侧来承受，比之 O 形锁大大增加了对冲击力的承受度，安全系数更高，且相同尺寸和材料时，重量要较 O 形锁轻。D 形锁价格适中，坚固耐用，使用方便，是目前较为常见的一种锁扣。

（3）梨形锁。它是一种改良的铁锁，在 D 形锁的基础上，一端加大，一端较窄，整体呈梨子的形状。其内部空间要较前两种锁小。梨形锁开口较大，方便使用者挂扣。相同材料下，重量比 D 形锁更轻，而强度却更大，主要和 8 字环、绳索等器材配合用作保护或者下降。梨形锁的优势较为明显，正逐步取代 D 形锁。

2. 结构及功能

除外形的不同外，铁锁的另一个主要区分方法就是通过开门。挂扣铁锁时，所有的器材都需要通过开门，开门的种类决定了锁扣使用的灵活程度和安全系数。一般开门可以分为几下几种。

（1）直门锁。直门锁是最早的一种铁锁开门方式，也是最基础、最为常用的一种。

（2）弯门锁。弯门锁的开门向内弯曲一定弧度，以方便使用者将装备扣进锁内，其强度与重量和直门锁类似。弯门锁使用不当会自行打开，一旦绳索滑出会造成危险，所以需要特别小心使用。

（3）保险锁。保险锁即开门上还附有锁紧装置，使用时可以避免铁锁意外打开，给使用者提供更多的安全保障。一般有两种方式：螺丝旋转式（丝扣锁）和弹簧自锁式。螺丝旋转式在开门关上后，将螺丝转紧即可锁定。而自锁式本身有弹簧设置，开门关闭时锁紧装置可以自动锁定。旋转式设计简单、实用，使用范围广。但旋转式要注意不能锁太紧，否则在冲坠的情况下可能会锁死。而弹簧自锁式则需要考虑不能有泥土等杂质进入弹簧内，所以不太合适攀冰和溯溪等活动。

（4）钢丝锁。钢丝锁是利用不锈钢线圈取代传统的铝合金柱来做开门，其主要特点是在不减少强度的情况下，省却了传统的弹簧设计，可以减轻铁锁的重量，同时也增加了开门的开合空间。另外，它不会因为滑坠时的震动而自行打开，使用更加方便、安全。

3. 购买时的参考因素

铁锁的使用是为了确保使用者的安全和便利，根据使用环境和要求的不同，市场上有着不同形状、大小、价格和负荷的铁锁，以适合不同人士的需要。选择铁锁时应该先了解使用的环境和用途，然后再确定购买的种类和数量，一般来说最好各个类型的铁锁都购买一些。

（1）强度。铁锁作为保护系统的连接点，所以任何一个铁锁都必须达到系统的最低受力要求，也就是说，每个铁锁都必须能够承受发生冲坠的冲击力。铁锁的强度由专门机构进行评定，一般情况下，人们使用 kN（千牛）作为强度的标准，1 kN 等于 225 磅的力（force），约等于 102 千克力。根据 UIAA（国际登山联合会）的标准，铁锁长轴方向的承受力打开时不能小于 6 kN，闭合时不能小于 20 kN；短轴方向的力不能小于 4 kN。所以铁锁都应标有 3 个标准强度：长轴方向、短轴方向和开口强度。一般正规厂家生产的强度都要大于国际标准，无论是 UIAA 还是 EN（欧洲标准）等，可以放心使用。但市场上还有很多仿冒的铁锁，其强度远远达不到使用要求，一般都应标有"NOT FOR CLIMNING"（不是用来攀岩的），这些铁锁绝对不能用于登山的保护。

（2）重量。无论是登山还是攀岩，在满足强度的情况下，随身携带的装备当然是越轻越好。需要注意的是重量轻的铁锁价格较高，使用寿命却比较短，而且这些铁锁一般厚度较小，在受到震动时自行打开的概率比较大，同时也比较容易磨损绳子。所以在选购时，除非是对重量"克克计较"，否则一般选择强度大的铁锁较为合适。

（3）材质。铁锁一般采用的是钢质或合金材料。通常钢质铁锁多在工业、搜救等领域使用，强度较大，也较为耐用，比较适合恶劣的环境，但一般重量较重。户外活动常用的是合金材料铁锁，因为其重量轻、携带方便，而且强度也足够满足登山、攀岩等活动的需要。

（4）尺寸。铁锁的尺寸大小不同，各有优势。通常内部空间较大的铁锁方便穿绳，容易使用，可以携带更多的器材；而小型的铁锁重量轻、体积小，容易携带，比较适合上方保护和自我保护点的设置。

（5）操作。在户外环境中操作便利性也是十分重要的。使用越顺畅，越能节省时间，有时候可能关系到行动的成败和人身安全。所以在购买时，亲手拿起来，感受一下是否顺手易用，大小是否适合你的手掌。如果能够单手握住则最好。

4. 使用技巧

（1）使用前，要检查铁锁，是否有裂痕、锁扣是否顺畅，如果有怀疑宁可更换新的。

（2）没有一种铁锁能 100 %保证安全，最重要的是自己要规范操作，小心谨慎。

（3）不要使用借来的或者是使用情况不明的铁锁，也不要出借自己的铁锁。

（4）铁锁闭合时所能承受的拉力要远远大于开启时，在进行攀登、垂降或保护之前，一定要确认身上的铁锁是锁上的，即便是自动式锁也要检查一遍。

（5）随身携带铁锁以方便取用为原则，可以开门朝外、大头朝上。

（6）剧烈的震动或者撞击会让铁锁突然打开，这些情况发生后，应该立刻检查铁锁，注意不能让铁锁在打开的情况下受力。

（7）挂锁的动作要正确、迅速，出发前可以先练习好具体的动作。

（8）使用时如果沾上泥土、碎冰或其他杂物，应该及时清理干净，避免因此影响操作及安全。

（9）丝扣锁在锁紧时，注意不要太紧，可以锁紧后再回半扣，这样能避免在冲击下被锁死。

（10）为了减轻绳索摩擦和保证安全，可以采用双铁锁固定的方法。

（二）快挂

快挂是用扁带将两个铁锁连接起来的一种攀登用器材。顾名思义，快挂就是指能够快速地挂扣，它是攀登时保护系统中必备的器材之一。在攀登的过程中使用者需要快速、便捷地连接绳索和保护点，而快挂的作用就在于此。比如，在先锋攀登时需要在路上预先打上数个膨胀钉和挂片，攀登者攀爬过程中将快挂一端扣进挂片，另一端扣入主绳。

1. 结构功能

（1）铁锁。快挂使用的铁锁主要为直门锁、弯门锁和钢丝锁，这三种锁较丝扣锁等其他铁锁，可以更加快速地挂扣。另外，也有快挂使用插入式快扣代替上端的铁锁和保护点相连，使用起来更加快速。

（2）扁带。用以连接铁锁的扁带长度一般为 10～25 cm，扁带的材料有普通尼龙、spectra（防弹纤维）、dyneema（迪尼玛纤维）等。spectra 纤维材质的扁带，具有质轻、抗拉、耐切割且不吸水的特点。

（3）承受力。作为保护系统的一部分，快挂能够承受的冲击力不能低于整个系统的最低承受力，一般快挂垂直方向的承受力是 22kN。

2. 购买时的参考因素

（1）快挂一般都需要多个一起使用，所以购买时应该同时购买数套。

（2）快挂为专业攀登器材，所以最好在专业的户外用品店购买，不要使用那些低质的仿冒快挂。

（3）市场上有做好的快挂，使用者也可以根据需要，自行购买快挂扁带和铁锁连接成快挂。

3. 使用技巧

（1）使用之前记住检查所有的部位，包括铁锁、扁带和铁锁扁带的连接处，如有疑问宁可更换新的快挂。

（2）使用快挂时，绳索的扣入方式和快挂开口方向非常重要。主绳要从快挂与岩壁之间穿入，从外侧穿出，也就是说攀登者这一端的绳头要在外侧。

（3）若线路需要，用来挂绳的铁锁锁门要和线路反方向，如线路是从左至右，锁门须从右开往左。这样操作可以防止冲坠时绳子弹开锁门发生危险。

（4）快挂两端的铁锁都不带丝扣，有可能会不慎打开或被冲坠时产生的力震开，而且保护系统应该遵循"宁多勿少"的原则，只有一个快挂时，不能作为固定保护点使用。

（5）为防止铁锁在连接的扁带中转动，可以用橡皮筋或胶布固定一下。

（6）攀岩时，往保护点上加入快挂最好选择直臂的状态，找到最佳的位置，可以休息一下，然后迅速扣入。

（三）头盔

头部是人身体最重要的部位，在自然环境中攀登时，山上的落石冰块、头部撞击岩壁或是滑坠时头部着地都会对头部造成伤害，轻则头破血流，重则可能危及生命。为了避免这些危险的发生，人们设计发明了专业的登山头盔，能够在很大程度上减轻头顶和侧面受到的冲击，防止尖锐物砸伤头部，以及减缓重物对颈椎和脊椎的冲击。

1．分类

目前市场上的头盔主要有三种：轻质头盔、硬质头盔和混合式头盔。

（1）轻质头盔。轻质头盔的内层是聚丙烯，外部为塑料构成的外壳。此类头盔通过聚丙烯的变形及碎裂吸收能量来保证头部的安全。由于聚丙烯质轻，所以此类头盔的重量都很轻，多用在攀岩、滑雪等活动中。

（2）硬质头盔。硬质头盔外层材料主要采用工程塑料或碳纤维等硬质材料制成，优点是强度高、结实耐用，但是重量要高于轻质头盔。一般用于探洞、溯溪、登山等活动中。

（3）混合式头盔。此类头盔结合了前两种头盔的优点，内衬为聚丙烯或者海绵用于缓冲，然后再附上一层硬质外壳抵抗冲击力，重量介于以上两种之间。此类头盔的应用范围相对较广。

2．结构功能

（1）外壳。头盔的外壳是直接面对冲击的部位，对头部的安全性非常重要，所以在选择材质方面十分严格，需要具备抗冲击、耐磨等特性。通常头盔采用的材料有工程塑料、玻璃纤维和碳纤维。需要注意的是，在受到强大冲击力的时候，外壳应该裂开脱离头部，而不是凹陷进去。

（2）缓冲层。头盔不但要防止撞击，同时还要有缓冲功能，缓冲层的主要功能就是吸收外来的冲击力。如果没有缓冲层，外力将通过外壳直接作用于头部、颈部和脊椎，从而使这些部位受到伤害。缓冲层的厚度、材质的优劣决定了头盔缓冲能力的强弱，目前主要采用海绵、发泡聚丙烯等材料。

（3）固定带。固定带的作用在于使头盔能够舒适、牢固地戴在头上。其固定方式有：抽带式、环扣式和粘布式等。固定带应该有一定的调节范围，使用者可以根据自己头部的形状调节好大小，不能太松也不能太紧，这点十分重要。

（4）内衬层。很多头盔为了提高排气能力，提高佩戴的舒适度，还会在缓冲层上附有一层内衬，主要材料有 cool max（涤纶纤维）等快干透气材料。

（5）头灯卡座。户外夜间活动，头灯是必备的照明工具，为了便于佩戴头灯，一些头盔设有专门的头灯卡座。利用这些卡座，头灯可以牢固地束于头盔上，而不用担心轻易脱落。

（6）透气孔。大多数头盔的表面分布着数量不等的透气孔，采用空气动力原理，以保持头盔内部的空气流通。这样的设计是为了能够让头部产生的汗气尽快排出，避免汗气在头盔内部凝结成水，从而保持头盔内部的干爽舒适。

3. 购买时的参考因素

（1）认证。登山专业的头盔有 CE（欧洲联盟）和 UIAA（国际登山联合会）两个标准，在欧洲这些标准是强制性的。欧盟要求所有在市场上销售的头盔必须通过 CE 标准的测试。而在美国，虽然没有相应的强制性规定，但事实上所有合法销售的登山头盔也都通过了 CE 或 UIAA 标准。CE 和 UIAA 标准的测试有四项：正冲击试验、侧冲击试验、锐物穿透试验、稳定性试验。购买头盔时，要注意是否通过 CE 和 UIAA 的认证，起码应该通过其中的一项。

（2）大小。佩戴头盔一定要大小合适、不松不紧，购买时可以亲自试戴一下。试戴时一是注意其形状与大小是否合适你的头型，如果太松，使用时可能会轻易脱离头部，丧失保护作用；如果太小则保护范围不够。扣好固定带时，应该留下还能伸入一指的空间，留有余量，如果只是刚好合适，最好换一款大一号的。

（3）外形。对于头部的保护，最关键的是头顶，其他还有侧面、后脑、面部等，如果能够兼顾最好。事实上，每种运动都有特别设计的头盔外形，可以根据需要选择或者放弃一些保护。比如，攀冰可以选择有面罩的头盔，防止冰植伤害面部和眼睛；而一般登山用的头盔主要保护头顶和脑后。

（4）重量。头盔重量是户外运动不得不考虑的问题，通常轻质的头盔抗冲击力要弱于硬质头盔，但如果在相同强度下当然越轻越好。一般情况下，攀岩、滑雪和自行车等运动可以选择较轻的头盔，而攀冰和登山可以选择重一些的头盔。

4. 使用技巧

（1）登山攀登时应佩戴专业头盔，不要使用自行车运动头盔或工业用安全帽等来代替。

（2）使用前请仔细检查头带扣点是否有松脱。

（3）头盔要佩戴端正才能护住前额后脑及侧面，佩戴时应该完全扣住头部，前沿要盖住前额并和眉毛平行，不要向上翘起。

（4）头盔不用时，不要摔放在地面或者岩石上，不要用硬物敲击头盔外壳，摆放时应向上放好，不要顶部朝下。

（5）出现落石时千万不要仰视观望或以手抱头，这个时候应该让头盔发挥作用。

（6）如果头盔经过强烈撞击，请勿继续使用。撞击产生的裂纹有时不易发觉，但头盔强度会明显降低，再次使用时可能因此发生危险。所以无论是否有裂纹或者损伤，发生撞击后都应该停止使用。

（7）头盔有一定使用寿命，根据产品说明，达到使用时间后，无论头盔是否受到撞击，都要更换新的头盔。

（四）下降器

在保护和下降过程中，当被保护者脱落时或自己需要下降时，使用者可以通过以较小的力来消减大的力，保证攀登者的安全，通过器械和绳索之间的摩擦力还可以控制人员下降的速度。这样的器械叫作保护器或下降器，常用的保护器有 8 字环、ATC 和 GRIGRI 等。

保护器被广泛地应用于登山、攀岩等活动。一旦发生冲坠，保护者可以拉紧绳索制动。人坠落时产生的冲击力是非常大的，直接用手握紧绳索很难制动，还可能可能会伤及手掌甚至是两人同时滑坠。而使用保护器时，冲击力会通过绳索与铁锁、保护器之间产生的摩擦力而抵消，这样即便是体重较轻的人也可以用较小的力给体重较重的人作保护。

1. 分类

保护器型号较多，各个厂家品牌都有自行设计的保护器，但其原理都是通过摩擦力达到控制速度的目的。常见的保护器有以下几种。

（1）8 字环。8 字环是最常见也最为常用的下降器。它形如一个"8"字，结构简单，使用十分方便，价格也比较便宜。8 字环一般由两个圆环组成，也有采用方形环的 8 字环，较适合在下降中使用。8 字环的缺点是绳索易扭曲，如果使用双绳则容易缠绕造成操作不便。

（2）ATC。ATC 是目前较为常用的保护器，操作方便，使用双绳下降时不会使两根绳索互相缠绕。ATC 的重量较 8 字环轻，制动性却要好于 8 字环。ATC 常用于登山和攀岩等活动中，使用时需要配合铁锁、绳索穿过 ATC 的钢索和铁锁，构成一个保护系统。另外，ATC 的设计还可以除掉绳索上附着的冰雪，所以尤其适合在冰雪环境下使用。

（3）GRIGRI。与前两者不同的是，GRIGRI 是带有自锁的保护器，可以利用自锁达到制动的效果，常用于攀岩中。当攀登者坠落，GRIGRI 受到较大的冲击力时，内部的齿轮就会锁定住绳子，使用者不会有滑脱的危险。需要下降时，只要轻轻按住 GRIGRI 的杠杆，就可以松开绳子，攀登者可以安全地降下来。GRIGRI 的设计可以摆脱绳子缠绕的麻烦，而且在使用过程中，使用者还可以松开双手，这一点是 8 字环和 ATC 无法做到的。GRIGRI 严禁用于登山和攀冰中，绳子沾水的情况下也不能使用。

2. 购买时的参考因素

（1）用途。虽然都是保护（下降）器，包括保护和下降两种用途，但是各型号的器材还是都有自身较为合适的用途和使用环境。例如，8 字环用于保护和下降均可，但主要适合用来下降，且冰雪环境中较少使用。ATC 只能用作保护，较适合在冰雪环境下使用，并且能够适用双绳。GRIGRI 用作保护和下降均可，但只能使用单绳。

（2）重量。一般 ATC 的重量较轻，约为 8 字环的一半，且保护时使用效果还优于 8 字环，而 GRIGRI 由于带有自锁系统，其重量重于前两者。

（3）价格。保护（下降）器中，8 字环价格最低，ATC 稍贵，而带有自锁的 GRIGRI 等器材则价格较高。选购时可以和用途、重量相结合，购买合适的型号。

3. 使用技巧

（1）保护器是保证攀登者生命安全的器材，错误的操作所造成的危险往往要大于器材本身的原因。

（2）每次使用前和其他器材一样，保护器也要仔细检查，确认没有问题后才能使用。

（3）使用前一定要熟练使用携带的保护器，同时还要确认你的伙伴也能熟练正确地使用保护器。

（4）要注意穿绳的方向，切记使用前要反复检查。

（5）每种保护器都有适用的绳索直径，不要使用在其适用范围之外的绳索。

（6）自锁型的保护器可以先用力拽一下绳索，看是否可以锁定。

（7）使用下降器做长距离下降时应该控制好速度，不要太快，以免绳子摩擦产生太多热量损坏绳索。

（8）用8字环下降时注意不要和锁成一个角度或扭拧，否则可能把锁硌断。

（9）当被保护者坠落时不要紧张，一定要冷静、正确地操作保护系统。器材不是万能的，使用者的责任心和正确操作才是安全的关键。

（10）注意不要摔打保护（下降）器，使用过后应当保存好以备下次使用。

（五）上升器

上升器是攀登雪山、攀岩时常用到的技术装备，主要作用是协助使用者向上运动，使用者在攀登过程中可以得到助力和保护。随着登山运动的发展，上升器日渐成为雪山攀登的必备装备。登山者在通过危险、陡峭地区时，上升器是重要的自我保护装备，它和绳索、安全带等器材构成了一个保护系统。如果发生滑坠，上升器也可以较好地协助滑坠者离开冰裂缝等危险地带。

1. 分类

根据上升器的使用和外形可以分为以下几种。

（1）手持式上升器。手持式上升器是最为常见的上升器，广泛应用于登山、攀岩、探洞、溯溪等户外活动中。手持式上升器使用方便，一般单手就可以完成安装、拆卸等操作。为了适应使用者的不同习惯，手持式上升器还分左右手不同型号。另外，手持式上升器戴着手套也能操作，较适合用于冰雪环境。

（2）胸式上升器。胸式上升器常用在探洞等活动中，需要配合胸式安全带、手持式上升器使用。胸式上升器可以使身体更加贴近绳索，防止身体晃动失去平衡或坠落。

（3）脚式上升器。脚式上升器需配合手持式和胸式上升器使用，脚踏在上面，身体可以保持直立，同时能够减轻手臂的负担。

（4）无手柄上升器。无手柄上升器轻便紧凑，方便使用者携带，和铁锁配合，一样能够满足各种使用需要，但使用效果不如手持式上升器。

2. 结构功能

上升器都是利用摩擦达到制动的效果，所以其最关键的部位是齿轮，通过齿轮上升器可以在绳索上做单向运动，也就是说上升器可以通过绳索往上推动，停止后齿轮可以在绳索上制动，而不会下滑。

目前上升器框架多采用合金材质，有良好的强度，重量也较轻。在齿轮部分，为了保证最大的强度，一般采用钢制。

手持式上升器还配有橡胶材质的握把，可以增加摩擦力便于手持，也有着较好的握感。

3. 购买时的参考因素

（1）一般登山活动购买手持式上升器即可，主要用于攀登过程中的保护。如果要从事探洞活动，还可以购买胸式上升器或脚式上升器，配合手持式上升器使用。

（2）购买上升器时，要注意和绳索的配合，上升器一般都有一个绳索直径的适用范围，不能超过或低于这个范围。

（3）手持式上升器最为常用，如果追求轻量装备，可以选择无手柄上升器，但是使用上不如手持式便利。

4. 使用技巧

（1）上升器的齿轮在运动的过程中还能清除绳索上的冰雪等杂物。

（2）使用上升器时尽量保证推进的方向和绳索平行，对绳索的斜向或垂直方向用力。

（3）在探洞等活动中，手持式上升器还可以配一条静力绳制作的脚踏带，保持身体平衡。

（4）不要将上升器作为保护系统的连接点，上升器受到冲击时很容易脱离绳索，结组保护时还是需要使用安全带和铁锁。

（5）如无上升器也可以用绳结临时代替，但是比较麻烦，尤其是在寒冷的环境下，佩戴手套打结十分不便，但好处是滑坠后并不能保证上升器在手能触及的范围内，而打结则只要有绳索就行了。

第六章　户外运动产业发展及营销管理研究

第一节　我国户外运动产业发展现状分析

一、我国户外运动产业发展概况

根据国家体育总局、国家统计局联合发布的统计数据显示，2019 年全国体育产业总规模较 2018 年增速有所放缓，但依然增长 10.9 %，超过了国内生产总值（GDP）的增长速度，说明我国体育产业发展的宏观趋势没有变化，产业发展潜力巨大，对经济的贡献不断扩大。

2019 年体育产业的内部结构变化主要表现在三方面。一是体育服务业超越体育用品制造业，结构持续升级。体育服务业总量为 14 929.5 亿元，增加值为 7 615.1 亿元，占体育产业总支出结构的 50.6 %，而体育用品及相关产品制造业总量为 13 614.1 亿元，增加值为 3 421 亿元，仅占体育产业总支出结构 46.2 %。二是体育健身休闲产业发展最快，未来市场空间大。体育健身休闲活动成为细分体育服务业中发展最快的行业，增长速度达到 74.4 %，可见体育健身休闲活动将是拉动体育产业总值高速增长的重要领域。三是数字化升级，体育制造业产值增长可期。体育用品及相关产品制造总量尽管被体育服务业所超越，但随着人均收入的不断提高和全民健身的兴起，人民对更加专业的、服务体验更好的体育用品需求依旧旺盛，因此还需要体育制造业企业更多地投入产品的研发与创新上。

根据中研普华产业研究院《2020 年户外运动行业发展前景趋势及现状分析报告》的数据显示，2012—2016 年我国核心户外运动市场规模年均增长率逐年下滑，直至 2016 年仅增长 1.8 %。2017 年到 2018 年我国核心户外运动市场规模增长速率开始触底反弹，这表明我国核心户外运动市场进入一个新的增长阶段。

目前，我国泛户外运动参与者 1.4 亿至 1.7 亿人，整个户外运动产业总规模达到 1.5 万亿元。2020 年我国经济总量首次突破 100 万亿元，人均 GDP 超 1 万美元，人均可支配收入突破 3 万元，户外用品市场规模已达 180 亿元，山地户外运动产业总规模达到 4 000 亿元。

二、我国户外运动产业发展中存在的主要问题

（一）有效供给不足

当前，户外运动产业有效供给不足，户外运动市场需求庞大并且潜力还远远没有开发出来。一是户外运动市场总体规模过小，4 000 亿元的山地户外运动产业规模也仅仅约占体育产业规模的 13.3 %，国内生产总值的 0.4 %，与美国经济分析局发布的 2019 年 7 880 亿美元，占美国国内生产总值的 2.1 % 的户外休闲产业数据相比，我国户外运动市场总体规模还有很大提升空间。二是户外运动市场产品质量不高，产品趋同化，缺乏创新，特别是围绕户外徒步、露营等项目，实物装备品牌假货充斥市场，缺乏高端品牌产品。三是难以满足户外运动产业"需求端"的大量增长，随着社会经济、教育等领域的发展与我国人口年龄结构的变化，越来越多的年轻人与老年人反而更愿意参与户外运动，年轻人追求刺激，更富冒险精神，刚好和户外运动的探险性相吻合，而老年人"有钱有闲"，也更有能力和时间参与户外运动。

（二）市场体系不规范

随着体育产业的持续发展，户外运动市场规模也在不断扩大，但是户外运动市场体系还有诸多不规范之处。一是户外实物产品方面缺乏有效监管，户外实物产品主要指户外装备，当前户外用品市场出现一些"老驴"骗"新驴"的现象，一些刚接触户外运动的消费者在购买户外运动装备时往往会听从富有户外运动经验的人员的建议或者直接从他们手中购买。虽然国内户外用品主要集中在中低端市场，但产品的价格体系依旧混乱，很多产品定价虚高，实际售价大多在官方定价的 4~5 折左右。户外用品市场还存在许多假冒伪劣产品，为迎合部分消费者追求名牌和满足虚荣心的心理，一些专门制假造假的服装生产商生产了大量国际高端户外运动品牌产品，严重影响了我国户外运动用品市场秩序。二是户外运动服务市场不规范，户外运动服务市场主体主要是户外运动俱乐部，户外运动俱乐部作为营利性商业组织存在超范围经营、服务产品价格不透明、缺少专业人员、安全管理不到位、环境意识淡薄等问题。一些户外运动俱乐部并没有经过旅游行政管理部门许可就开发旅游路线，为低价吸引客户，在发布出行信息时，行程中所标价格只包含基本的车旅费与住宿费，饮食费、交通费、门票费等费用并不计算在内，消费者的实际消费往往超出预算。户外运动

俱乐部有时还会组织消费者到尚未开发的景点，由于运动场所无人管理，很可能出现意外伤亡事故、丢弃的垃圾无人清理、对环境造成污染等问题。

三、我国户外运动产业发展中面临的主要机遇

（一）政策机遇

随着供给侧结构性改革不断深入，"一带一路""健康中国""全民健身"等国家战略实施的背景下，产业政策支持和基础设施建设持续推进，户外运动产业的发展具有很强的辐射作用，能够有效带动其他产业的发展。户外运动产业所蕴含巨大的经济价值突显，并且发展迎来无限政策机遇，很多企业也开始纷纷涉足户外运动行业。2014 年国务院下发《关于加快发展体育产业促进体育消费的若干意见》，明确提出要在 2025 年体育产业总规模超过 5 万亿元，并且确定户外运动的比重将会越来越大。此后，国家体育总局先后颁布了《山地户外运动产业发展规划》《汽车自驾运动营地发展规划》《航空运动产业发展规划》《水上运动产业发展规划》《马拉松运动产业发展规划》等文件，为我国户外运动产业发展指明了方向。

（二）科技机遇

随着"互联网+"以及 5G 时代的到来，科技的不断进步，使户外运动装备的科技含量不断提高，在软硬件方面也为户外运动爱好者提供了强有力的科技支撑。户外装备里科技含量最高的当属户外运动手表，多数户外运动手表具有测量温度、海拔高度、心率和 GPS 记录等功能，这些功能是一般手表所不具备的。在软件方面，有各种等手机软件 App 平台，为户外运动爱好者提供搜索、定位、导航、记录和分享等功能。

第二节　国家政策对户外运动产业的影响分析

根据 2018 年《中国户外运动大数据报告》，供给导向政策是中国户外运动产业发展的驱动政策，占 67.30 %，是中国户外运动产业发展水平提高的重要原因。当前，世界面临百年未有之大变局，需求越渐衰退。2020 年 12 月中央政治局会议首次提出需求侧改革，在未来"十四五规划"和 2035 远景规划中将会出现更多需求导向政策，户外运动产业也将面临巨大变革。

一、户外运动管理活动的影响分析

国际登山联合会是全球户外运动管理活动的最高机构，中国登山协会于 1985 年成为其会员单位。在我国，户外运动组织体系主要包括政府组织、具备营业资质的户外运动组织和民间自发的户外运动组织三部分。商业户外运动组织是以营利为目的在各级登山协会和民政、工商等部门备案或取得行政许可的组织，其中主要以户外运动俱乐部为主。民间户外运动组织主要分为户外运动网络社团和学生社团，这部分组织数量庞大，由户外运动爱好者组成，组织活动具有公益性特征。

（一）中国登山协会（登山运动管理中心）去行政化

中国登山协会未来将与国家体育总局脱钩。根据《关于全面推开行业协会商会与行政机关脱钩改革的实施意见》，中国登山协会已经被列为拟脱钩名单。去行政化改革的主要任务，一是机构分离，取消国家体育总局与中国登山协会的主管关系，中国登山协会将依法直接登记、独立运行；二是职能分离，厘清国家体育总局与中国登山协会的职能，剥离中国登山协会现有行政职能；三是资产财务分离，政府将会取消对中国登山协会的直接财政拨款，而是通过政府购买服务等方式支持其发展，中国登山协会将执行民间非营利组织会计制度；四是人员管理分离，中国登山协会将拥有人事自主权，并全面实行劳动合同制度；五是党建外事等事项分离，脱钩后中国登山协会的党建工作，将由中央和国家机关工作委员会、国务院国资委党委领导。此举将加快转变政府职能，对中国登山协会提升服务水平、健康有序发展、创新管理方式起到重要促进作用。

（二）户外运动俱乐部管理规范化

2019 年，中国登山协会依据《中国登山协会章程》《全民健身计划纲要》和《全民健身条例》对《中国登山协会户外运动俱乐部管理办法》进行修订，与之前的试行版相比，一是明确了俱乐部注册和等级评定的时间，中国登山协会在每年的年中和年底集中受理俱乐部的注册申请；二是增加、规范了俱乐部的权利与义务，增加注册俱乐部"宣传、悬挂由中国登山协会颁发的牌匾和证书"及"参加中国登山协会组织的全国登山户外运动俱乐部会议和相关活动"两项义务，增加 AA 级以上在注册期内俱乐部可享受一人次免费培训，对权利的表述进行规范；三是调整俱乐部注册及等级评定条件，增加俱乐部的注册条件，增加推荐制度，对技术人员人数提出新要求，增加对急救救护人员人数要求，调整对俱乐部组织活动能力的要求；四是调整俱乐部升降级制度，增加升级间隔年限，增加应当降级与注销的条件。

（三）民间户外运动组织商业化

随着互联网时代的来临，一些志同道合的"驴友"开始在相关论坛发帖，召集人员参加户外活动。除了少数发展较早、规模较大的组织形成在官方注册的社会团体，大部分群体依托"互联网+"民间体育组织的形式开展户外活动。民间户外运动组织具有组织数量庞大、人员结构复杂、活动种类多样、专业技术人才少和管理方式松散等特点，包括"AA"制民间户外运动组织运作模式、户外活动爱好者之间自发组织。这种采取"约伴"的活动形式，依靠组织成员之间的相互信任，很少出现爽约的状况。商业化民间户外运动组织运作模式，主要以活动报名费和出售户外装备为盈利模式，组织者在户外网络社群发布活动信息，社群成员自愿支付活动费用报名的方式。户外运动组织作为管理者由于爱好发展的副业，这部分收入往往不是其主要收入来源。民间户外运动组织大多以分散化、管理无序化为主，发展方向两极分化，一些民间户外运动组织由于缺乏管理导致"自生自灭"，管理好的组织由于"有利可图"朝向商业化户外运动俱乐部方向发展。户外组织的发展应该使得官方组织、俱乐部组织、个人"AA"制组织协调发展，充分发挥官方组织的带头示范作用，规范行业发展标准，控制行业发展门槛，把握行业发展的整体方向；俱乐部组织应该承上启下，充分发挥自身造血功能，吸收国内外户外活动的优秀之处，提供个性化服务内容，提升服务理念等；个人"AA"制组织，应该加强立法保护，合理安排户外活动，落实保险制度，加强专业人才的领队作用，依法取缔不合法的个人组织。

二、户外运动竞赛表演活动的影响分析

体育竞赛表演产业是体育产业的重要组成部分，表现为体育竞赛表演组织者为满足消费者运动竞技观赏需要，向市场提供各类运动竞技表演产品而开展的一系列经济活动。近年来随着政策的利好，我国户外运动竞赛表演业得到快速发展，打造出山地自行车国际越野挑战赛、甘肃定西漳县全国攀岩精英赛、环青海湖国际公路自行车赛、重庆武隆国际山地越野挑战赛等经典户外运动赛事。

（一）山地户外运动赛事体系持续完善

山地户外运动是指在海拔 3 500 米以下山区或丘陵进行的，以健身或提高竞技水平为目的的一组集体运动项目群，包括山地运动、峡谷运动、荒漠运动、海岛运动以及新开发的人工建筑物运动。登山运动管理中心对于户外运动竞赛的定义为参赛运动队依靠集体合作发扬团队精神，以最短时间完成三个以上山地竞赛项目的竞赛。目前国际通行竞赛项目设置为"3+X"模式。"3"是指越野跑、山地自行车和水上项目，"X"表示各种技能项目以及根据赛事举办地的文化、民俗而设置的特色项目，如根据竞赛场地的地貌地形而设置的溯溪、岩降等项目，或结合当地传统的生产劳动及体育活动而设计出的技能项目，如背篓负重跑、踩高跷、弹弓射击、割麦等。

山地户外运动赛事依据竞赛持续时间分为短程疾跑赛、长时连续赛、多日分段赛、远征探险赛；依据赛道类型分为多日分段型、多日连续型、放射型、组合型；依据赛事规格功能分为国际级、洲际级、国家级、国内区域性赛事等。目前，中国登山协会每年都会与各地政府联合举办一系列赛事，如中国户外健身休闲大会、全国山地户外运动挑战赛、中国户外障碍赛系列赛、中国山地马拉松系列赛、"营地中国"全国青少年户外营地大会、中国体育旅游露营大会、国家登山健身步道联赛、全国户外拓展大赛等。这一完整的赛事体系不仅带动了竞技体育的发展，同时活跃了体育氛围，通过群众之间的沟通交流，为户外运动人群的拓展与带动户外运动产业的发展起到巨大推动作用。

（二）山地户外运动赛事服务体系不断融合

行业标准是对没有国家标准而又需要在全国某个行业范围内统一的技术要求所制定的标准。目前，我国已经建立起攀岩运动员和登山运动员技术等级标准、登山户外运动俱乐部及相关从业机构技术等级标准和资质认证标准、国家登山健身步道标准，对于规范户外运动的发展起到一定的促进作用。

完善的竞赛规程和竞赛规则对于赛事的顺利开展起着至关重要的作用。竞赛规则是为保证运动竞赛正常进行、维护良好的竞赛秩序而制定的统一规范和准则。目前山地户外运动竞赛规则主要由国家体育总局登山运动管理中心在借鉴国际铁人三项竞赛规则基础上制定的。除了山地户外运动竞赛规则，中国登山协会还制定了全国拓展比赛、溯溪、山地竞速项目、滑雪登山项目、山地马拉松赛竞赛规则，为我国户外运动赛事的发展提供了基本准则。

办好一届体育赛事离不开各方面的支持与配合，技术官员、裁判是保证竞赛公平、公正进行的主要力量。尽管当前山地户外运动赛事裁判还存在非职业化、执法经验少、后备力量不足等诸多问题，但当前中国登山协会已创建了执行裁判选拔、培训、考核、注册、评价闭环流程。

标准化的赛事、精细的竞赛规程、公平公正的竞赛规则与技术裁判人员为山地户外运动赛事服务体系提供了强有力的保障。

（三）山地户外运动赛事品牌影响力不断加强

《国务院办公厅关于加快发展体育竞赛表演产业的指导意见》中指出，创新社会力量举办业余体育赛事的组织方式，开展户外运动赛事，采用分级授权、等级评价等方式增加赛事种类，合理扩大赛事规模。鼓励各地加强体育赛事品牌创新，培育一批社会影响力大、知名度高的业余精品赛事。

新西兰"莱德加洛伊斯赛"是世界上最早的山地户外运动赛事。"艾科挑战赛"被公认为最具影响力的山地户外运动赛事。"七星国际户外越野公开赛"是我国举办的第一项山地户外赛事。户外运动赛事分为以下四类：疾跑探险越野赛、短程探险越野赛、分段探险越野赛、全尺度探险越野赛。我国户外运动赛事随着办赛经验的丰富和赛事水平的提高，在我国举办的山地户外运动赛事的数量和国际影响力也在逐步提升。例如，武隆国际山地户外运动公开赛是亚洲规模最大、最具影响力、水平最高的国际户外体育运动赛事。随着参赛者的数量增加与专业性增强，武隆国际山地户外运动公开赛的赛事奖金也逐步提升。此外，武隆国际山地户外运动公开赛吸引了多家国内媒体报道，同时也引起了国际社会的高度关注。该赛事带动了当地餐饮、宾馆、零售、交通等产业的发展，与此同时也为提高当地财政收入做出巨大贡献，为此，国家体育总局也将重庆武隆区命名为"中国山地户外运动基地"。

三、户外运动培训与教育的影响分析

针对我国户外运动技能和知识的普及程度较低这一问题，《山地户外运动产业发展规划》中指出，要加强人才保障，鼓励多方投入，开展各类职业教育和培训。鼓励有条件的高等院校设立山地户外运动产业专业，鼓励高等院校、科研院所、职业培训机构和体育企业建立山地户外运动产业教学、科研和培训基地。加强山地户外运动产业人才培养的国际交流与合作，加快山地户外运动产业智库建设。户外运动培训是户外运动产业之中的关键一环，当前我国户外运动培训业在整个户外运动产业中所占的比重相当大。中国登山协会制定了一系列相关政策：《中国登山协会关于登山户外运动俱乐部及相关从业机构资质认证标准》《高山向导管理暂行规定》《登山户外运动俱乐部及相关从业机构技术等级标准》等，以此来规范我国户外运动市场和对从业人员的管理。山地户外运动培训体系包括：登山向导、山地户外救援培训、山地户外军事训练、山地户外医学培训、山地户外风险识别与防控、山地户外求生等内容。山地户外运动培训主体包括：体育局下属运动训练中心、登山协会、高等院校、科研院所、职业培训机构、体育企业等。多数山地户外运动事故是由于缺乏专业人员指导，场地、器材、设备缺少质量认证所造成的，组织者不具备服务资质。因此，培养出更多懂户外、爱户外的专业人员，使"安全户外"的理念深入人心，这样才能切实有效地减少户外运动事故的发生。

（一）技术人员培训体系建立

我国目前户外运动人才培养的基本现状，即以中国登山协会培训为核心，高等院校、地方体育机构、户外俱乐部与登山协会联合举办培训班等培养形式。中国登山协会培训部每年举办各级各类户外运动技术人员培训数百次，如初级户外、营地、攀岩社会体育指导培训班等。户外运动体育指导员已由中华人民共和国人力资源和社会保障部纳入《中华人民共和国职业分类大典》，根据《社会体育指导员国家职业标准》《体育行业特有工种职业资格证书管理办法（试行）》《体育行业特有工种职业技能鉴定实施规程（试行）》《体育行业特有工种职业技能鉴定实施办法（试行）》等行业法规文件，山地户外运动人员要想从事这一行业，须取得社会体育指导员国家职业资格认证，户外运动俱乐部的注册与评级也与社会体育指导员的人数和等级挂钩。

（二）运动员技术等级制度建立

根据《国内登山运动管理办法》和《登山运动员技术等级标准》规定，申请登山项目等级称号必须是在不同级别的体育行政部门审批之后，发放登山活动许可证的登山活动中取得登山成绩，登山成绩的确认也必须拥有山峰所在地体育行政部门或中国登山协会发放的登顶（或登高）证明书。

运动员是户外运动产业的重要组成部分，高水平的运动员可以提高大众对于户外运动的关注程度，技术等级制度的建立，有助于提高体育行政管理部门管理，行政管理效率提高的同时又促进了户外运动产业的发展。

表 6-1 所显示的是登山运动员登顶的最高海拔所获得的相应技术等级。除国际级运动健将标准唯一外，其他登山运动员的技术等级标准可以海拔对应降低 500 米但要成功登顶两座；或者登顶一座对应降低 500 米海拔的独立山峰，并在另一次登山活动中登达对应最高海拔以上的高度；再或者在两次不同山区或不同活动中登达对应最高海拔以上的高度。

表 6-1　登山运动员技术等级标准

授予技术等级	男子	女子
国际级运动健将	登顶两座海拔 8 500 米以上的独立山峰	登顶一座海拔 8 000 米以上的独立山峰
运动健将	登顶一座海拔 8 500 米以上的独立山峰	登顶一座海拔 8 000 米以上的独立山峰
一级运动员	登顶一座海拔 7 500 米以上的独立山峰	登顶一座海拔 7 000 米以上的独立山峰
二级运动员	登顶一座海拔 7 000 米以上的独立山峰	登顶一座海拔 6 500 米以上的独立山峰
三级运动员	登顶一座海拔 6 500 米以上的独立山峰	登顶一座海拔 6 000 米以上的独立山峰

（三）户外运动专业课程在高校设立

明确把户外运动纳入普通高等体育教育是从教育部在 2002 年到 2003 年期间颁布《全国普通高等学校体育课程教学指导纲要》和《全国通高等学校体育教育本科专业课程方案》两项文件后。2005 年，国家体育总局将山地户外运动正式设立为我国正式开展的体育项目。第一家招收户外运动类专业学生的高等院校是中国地质大学（武汉）。经过数十年的发展，户外运动专业从本科培养扩展到了研究生培养，户外运动专业课程设置更加科学，教师理论与实践水平更加丰富，户外运动专业正在向专业化、正规化、系统化方向发展。目前已有 200 余所高校开设户外运动类课程，100 余所高校批准成立了户外运动类社团。户外运动的普及离不开专业人员，尽管高校户外专业学生培养与中国登山协会开设培训班的人才培养模式为我国培养了大量户外专业人才，但培训效率低、培训成本高昂等因素严重影响了培训效果，为了更好地推动我国户外运动培训市场的全面发展和完善，中国登山协会应一面尽快加大人才培训的力度，另一面改善及创新培训模式，结合"放管服"政策要求，制定出更为有效、合理的培训模式，如授权实力雄厚的户外运动俱乐部独立开展培训业务。

四、户外运动传媒与信息的影响分析

（一）户外运动互联网平台功能愈发齐全

一是搭建起中国登山协会户外运动事故信息平台和培训信息网。事故信息平台为山地户外运动提供援助平台，收集山地户外运动发生事故的信息，每年都会发布登山户外运动事故报告，形成典型案例，并开展救援研讨活动。培训信息网为广大山地户外运动爱好者和致力于从事户外运动行业的人员提供培训信息，其中包括户外、攀岩、营地、攀冰、高山、救援、扁带等项目内容。二是户外运动信息咨询网站内容更加丰富。户外资料网、绿野户外网、磨坊等专业网站已经涵盖户外知识科普、装备测评、论坛讨论、活动信息等多项内容，为户外运动爱好者提供了很好的专业知识学习、装备购买参考、交流沟通平台、发布活动信息等功能。三是户外运动 O2O 模式兴起。受"互联网+"政策与"大众创业、万众创新"政策的影响，在手机应用市场上出现了很多户外运动类软件。比如"绿野"App 已经支持山地户外运动的场地预定、运动装备商城、团建定制、论坛社交等功能。

（二）户外运动作品大量传播出版

户外探险家为了记录自己的户外经历、讲述户外故事，便采取各种形式表达对户外运动的热爱。一是户外运动游记、摄影书籍的出版，如《大横断寻找川滇藏》《极限秘境——喀喇昆仑摄影笔记》《探险途上的情书》《张梁我在地球边缘》等优秀作品，既使读者了解户外运动的知识和方法，又能激发读者参与户外运动的热情。二是户外运动直播兴起，随着科技的发展、电子产品技术的进步，出现了以大疆无人机、Drift 和 Gopro 为代表的运动相机，通过运动相机连接 5G/Wi-Fi 网络，再接入国内直播平台，便可以进行高清直播。除了依靠 5G/Wi-Fi 网络进行直播外，张昕宇、梁红两位探险家夫妇也曾联合熊猫直播制作播出作为全球首档卫星直播户外探索真人秀节目《侣行·卫星直播探世界》。三是户外运动短视频流行，在一些短视频手机软件之中，也出现了很多讲授户外运动知识、分享个人户外运动经历的短视频。四是户外运动电影登上荧屏，比较经典的户外运动电影有《荒野生存》《垂直极限》《127 小时》《冰峰 168 小时》、《徒手攀岩》等，值得一提的是 2019 年上映的国产电影《攀登者》，影片讲述中国登山队员方五洲、曲松林等人怀揣梦想集结于珠峰，肩负时代使命的中国攀登者于 1960 年与 1975 年两次登顶珠穆朗玛峰的事迹。《攀登者》开创了中国登山类电影的先河，展现出了中国登山队为了国家使命勇于攀登的精神，该片最终获得了 10.5 亿元的票房。

第三节　户外运动营销市场细分与定位

一、户外运动市场细分的概念与意义

（一）户外运动市场细分概念的界定

要想对户外运动市场细分的概念进行界定，必须先了解什么是市场细分。一般来说，市场有很多特点，根据这些特点，市场被分割成几个性质不同的组成部分，每个部分也就组成了一个细分市场。而这也同样适用于户外运动市场。因为没有一个户外运动企业可以满足全部户外运动市场和所有户外运动者的需求，所以对户外运动市场进行细分是十分必要的。

事实上，户外运动市场细分就是通过对户外运动市场的调查，然后按照户外运动者在行为习惯和需求等方面的差异，将整个户外运动市场划分为不同户外运动者群的过程。具体来说，户外运动企业的市场细分主要包括以下几层含义。

第一，细分市场不同，消费者群的消费特征也有所不同。户外运动的不同细分市场代表了不同的户外运动消费者群，这些消费者群中的消费者有着不同的户外运动需求，这就会对户外运动企业的营销行为产生不同的影响。如根据年龄层次分类，可将户外运动市场细分为儿童户外运动市场、青少年户外运动市场、中年户外运动市场和老年户外运动市场；而按照消费者的经济条件与消费等级分类，可将户外运动市场细分为豪华型户外运动市场、标准型户外运动市场和经济型户外运动市场。

第二，同一细分市场内消费者群的需求、消费特征及其对企业营销行为的反应等十分接近。将户外运动市场按照某个特定标准细分后，该细分市场内的消费者一般具有相似的购买需求和购买欲望，他们对户外运动企业的市场营销行为也具有相似的反应，例如，一些男青年参加了攀岩、溜索等具有刺激性的户外运动，其他一些男青年受其影响也会产生相同的户外运动需求。

第三，户外运动市场细分是分解与聚合的统一。户外运动市场细分并非将一个整体客源市场简单地进行分解，而是根据户外运动者群体的不同消费需求按细分因素进行归类，然后再聚合为一个细分市场，这样有利于集中资源进行市场的开发与拓展，使资源的利用率最大化。市场聚合的过程，其实就是将对某种产品特点最容易作出反应的消费者集合成一个以实现企业利润最大化目标的消费者群。

（二）户外运动市场细分的意义

户外运动市场细分的意义主要包括以下几点。

1. 有利于户外运动企业明确自己的经营总方针

户外运动企业的经营总方针集中体现了企业的经营战略和策略决策。简单来说，户外运动企业的经营总方针的核心问题是企业的服务重点与服务方向是什么，而企业服务重点与服务方向的确定需要借助市场细分来实现。因为科学的市场细分可以帮助户外运动企业选择适合本企业的服务对象与经营方向，进而确定本企业的经营总方针。

2. 有利于户外运动企业找到最佳的市场机会

户外运动市场营销机会是指在户外运动市场中出现，但还没有得到满足或没有得到充分满足的户外运动需求。人们的户外运动服务需求是不同的，任何一家户外运动企业的优势都不是绝对的，而是相对的。

户外运动市场上存在很多市场机会，如何使这些市场机会成为户外运动企业的最佳市场机会，主要取决于户外运动资源的潜力、市场的选择性与适应性。通过市场细分，户外运动企业可以在对细分市场的购买潜力、竞争情况等进行对比分析后，选择适合本企业资源潜力的最佳市场机会，然后在此基础上编制新产品开拓计划，进行产品技术革新，开拓新市场，进而从众多企业的市场竞争中脱颖而出。

3. 有利于企业选择合适的目标市场并制定相应的市场营销策略

户外运动企业的经营效益主要取决于户外运动客源的数量和产品的价格水平，在买方市场环境条件下，各户外运动企业会为争夺客源而展开激烈的市场竞争。为了提高自身的竞争力，户外运动企业可以通过市场细分找到目标群体的需求特点来对企业的产品结构、产品内容、产品方向进行调整，这样有利于户外运动企业从粗放型经营转变为集约型经营，从而使企业扩大自己的经营优势，提高自己的市场竞争能力，进而增加企业的经济效益。

4．有利于户外运动企业贴近消费者需求

因为户外运动消费者的消费需求会因自身因素、环境因素等的变化而发生变化，而对这些消费需求的深入分析是户外运动企业认清市场的重要方式。户外运动市场细分可以为户外运动企业提供有效的分析工具，帮助企业认清不同细分市场的特点以及不同细分市场之间的联系与区别，这样企业就能提供更加贴近消费者需求的产品或服务。

二、户外运动市场细分的依据

由于户外运动市场上的购买者是不同的，因此户外运动市场可以分为户外运动个人消费者市场和户外运动组织市场两大类。下面对这两类户外运动市场细分的依据进行具体分析。

（一）户外运动个人消费者市场细分的依据

户外运动个人消费者市场是由个人为满足自己和家庭成员特定需要而购买户外运动产品和服务构成的市场。仅仅根据有形产品与无形产品来区分户外运动个人消费者市场是难以满足具有较大差异的消费者需求的。因此，户外运动企业在市场营销实践中通常会综合考虑人口、地理、心理、行为等多种变量来对户外运动市场进行细分。

1．根据人口变量来细分市场

户外运动企业如果根据人口变量来细分市场，主要需要考虑户外运动者的年龄、性别、家庭生命周期、个人收入水平、个人职业与受教育水平等人口变量。其中，从年龄的角度来说，户外运动消费者可分为儿童、青少年、成年和老年四种类型。从性别的角度来说，户外运动消费者可分为男性消费者与女性消费者两种类型。从家庭生命周期来说，家庭根据婚姻状况与子女状况可划分为七个阶段：单身阶段、新婚阶段、满巢阶段1、满巢阶段2、满巢阶段3、空巢阶段和孤独阶段。这七个阶段的具体特点如表6-2所示。

表6-2　家庭生命周期七个阶段的特点

阶段名称	特征	对户外运动的偏好
单身阶段	未婚，年轻	消费观念很新，喜欢娱乐导向型户外运动产品
新婚阶段	年轻夫妻，无子女，经济压力相对较小，购买力较强	对异地户外运动的需求很大

阶段名称	特征	对户外运动的偏好
满巢阶段 1	年轻夫妻，有六岁以下子女，不满足现有的经济状况，重视储蓄	有户外运动的欲望，但需求不强
满巢阶段 2	年轻夫妻，有六岁以上未成年子女，经济状况良好	购买行为趋向理智型，受广告和其他市场营销刺激的影响较小，偏向于较高档次的户外运动项目
满巢阶段 3	年长夫妻，与成年子女同住，夫妇或子女都有工作，经济状况良好	购买户外运动产品十分冷静、理智，会根据自己和家庭需要购买户外运动产品
空巢阶段	年长夫妻，子女离家自立，前期收入较高，购买能力强，后期退休后收入减少	多由子女引导消费和安排户外运动活动
孤独阶段	单身老人独居，收入锐减，有着强烈的情感和关注的需要	偏好探亲访友的户外运动

2．根据地理变量来细分市场

根据地理变量来细分市场是指根据消费者所处的地理位置和自然环境来细分户外运动市场。例如，按照户外运动输出国和接待国之间的距离，可将户外运动市场细分为远程户外运动市场与近程户外运动市场两类；而按照户外运动者的国际流向，可将户外运动市场细分为机会市场、一级市场和二级市场。需要注意的是，不能单单以某一个地理特征来对户外运动市场进行细分，这样消费者需求的共性和个性难以真正得到区分，企业在选择目标市场时仍要结合其他细分变量进行综合分析。

3．根据心理变量来细分市场

根据心理变量来细分市场，即根据户外运动消费者的个性特点、生活方式及其所处的社会阶层等心理因素来对户外运动市场进行细分。户外运动者的户外运动动机、户外运动习惯、兴趣爱好等都体现出户外运动者不同的心理特征，户外运动企业可以根据这些心理特征差异对户外运动市场进行细分，从而形成不同特色的户外运动市场。

4．根据行为变量来细分市场

根据行为变量细分是指根据户外运动消费者对产品的了解程度、态度、使用情况和反馈等将他们分为不同群体的方法。根据行为变量对户外运动市场进行细分主要需要考虑以下几个方面：消费者的购买时机、消费者对产品的态度、消费者对利益的追求、消费者对品牌的忠诚度、消费者的购买数量或频率等。

（二）户外运动组织市场细分的依据

户外运动组织市场是由所有非个人消费者的团体组织构成的市场。由于消费者在购买动机和购买行为上具有较大差异，因此户外运动组织市场会根据消费者购买决策阶段和消费者采购标准来进行细分。

1. 根据消费者购买决策阶段来细分市场

根据消费者在购买决策中所处的不同阶段，户外运动组织市场可分为以下三个细分市场。

（1）针对潜在购买者的市场。该市场中户外运动消费者还没有购买过户外运动产品。

（2）针对新手购买者的市场。该市场中的户外运动消费者购买过户外运动产品，但他们对户外运动行业的情况并不是特别了解。

（3）针对多次购买者的市场。该市场中的户外运动消费者已多次购买过户外运动产品，对户外运动产品、供应商、企业采购业务等都比较熟悉。

2. 根据消费者采购标准来细分市场

消费者的采购标准指的是消费者在采购的过程中对产品质量、服务和价格的要求程度。根据消费者的采购标准来对户外运动市场进行细分，可将其分为以下四个细分市场。

第一，针对程序购买者的市场。在该市场中，消费者将购买产品当作一项常规工作，他们愿意全价购买，接受低于一般水平的服务，这种细分市场有着较高的利润空间。

第二，针对关系购买者的市场。在该市场中，消费者认为产品的重要程度一般，他们愿意接受较低的价格与中等水平的服务，只要供应商提供的产品价格、产品质量和服务变化不大，他们就会有较高的忠诚度，这种细分市场的利润也比较高。

第三，针对交易型购买者的市场。在该市场中，消费者认为户外运动产品的选择会对企业自身经营产生重要影响，因此他们对产品的质量、价格和服务十分敏感。户外运动企业会通过较高的折扣和超出一般水平的服务来吸引户外运动消费者，这种细分市场的利润偏低一些。

第四，针对讨价还价型购买者的市场。在该市场中，消费者对户外运动各厂商的销售条件很熟悉，因此他们认为供应商要提供最高的价格折扣与最高标准的服务，并在购买户外运动产品时喜欢讨价还价，如果一家供应商的服务不能使他们感到满意，他们就会选择另外一家供应商。与其他细分市场相比，这种细分市场的利润要低一些。

三、户外运动市场细分后的市场定位

户外运动市场细分的确定要经过以下几个步骤：第一，户外运动企业要确定自己经营的市场范围，确定自己的经营方向，这是企业市场细分的基础；第二，户外运动企业在确定市场范围以后，就要了解市场范围内的各种现实情况以及潜在消费者的需求；第三，通过分析不同户外运动者的不同需求，并对这些需求类型的人口特征、地区分布、消费者购买行为等进行分析和判断，以此确定可能存在的户外运动细分市场；第四，通过比较户外运动各细分市场的具体特征，联系企业的实际情况，筛选出最能突出企业特点与优势的细分市场，并制定出对应的市场营销策略；第五，对市场细分的结果进行初步评价，然后对各细分市场内消费者的消费需求、购买心理和购买行为等进一步了解，从而帮助户外运动企业确定最终的目标市场。确定户外运动市场细分后的市场定位主要可以采用以下方法。

（一）特色定位

特色定位指的是户外运动企业根据户外运动市场中现有产品的定位情况，发掘新的、特色鲜明的产品，然后在市场中找到适合自己的位置，从而为企业的产品定位的方法。

（二）利益定位

利益定位是相对户外运动消费者来说的，它指的是户外运动企业向户外运动消费者提供特别的产品利益，而不是产品可以为生产企业带来多大的利润空间。利益定位是户外运动企业对消费者的一种承诺，承诺企业可以为消费者提供怎样的产品，能为消费者带来什么好处。

（三）用户定位

用户定位即户外运动企业把户外运动的产品和服务定位成最适合某类使用者的市场细分方法。企业通常试图将一些产品推向合适的消费者或某个细分市场，然后以该细分市场的特点为企业树立合适的品牌形象。

（四）价格定位

价格定位即户外运动企业根据产品的质量和价格对户外运动市场进行

细分的方法。因为户外运动消费者除了考虑产品的质量，一般也比较关注产品的价格，如果是同一类产品，消费者往往会选择购买价格相对较低的产品。因此，户外运动企业会将自己生产的产品与同类产品或质量相同的产品进行对比，然后指定一个合适的价格，这对产品的销售情况有较大影响。

（五）避强定位

避强定位即户外运动企业避开强有力竞争对手的市场定位策略。采用避强定位策略的企业一般不会采取硬碰硬的手段与强有力的竞争对手进行竞争，其会选择与竞争企业和平共处，以谋取共同利益。这种市场定位策略可以帮助企业尽快在市场上占有一席之地，同时还可以在消费者心中留下较好的印象。

（六）迎头定位

迎头定位即户外运动企业采取和处于支配地位的竞争对手"对着干"的市场定位策略。采用这种市场定位的企业从一开始就将自己放到与强有力竞争对手同一高度的位置，以此来激励自己，如果成功的话，企业就可以获得极大的市场优势。不过，采取迎头定位的企业要对自己的实力有清晰的认识，否则就是以卵击石，企业就会付出很大的代价。具体来说，采用迎头定位的企业主要需要考虑以下两个问题。

第一，采用迎头定位策略的企业需要承担的风险。如果户外运动企业采用了迎头定位的策略，竞争对手企业必然会进行反攻，双方在争夺消费者的过程中，很容易陷入互相攻击以及相互压价的境地，这样，企业很容易出现低利润甚至是亏损的风险。当然，如果企业自身实力很强，那么其承担的风险也会相对较小。总体而言，迎头定位是风险较高的一种市场定位类型。

第二，采用迎头定位策略的企业需要具备的条件。如果户外运动企业采用了迎头定位的策略，企业就必须想方设法抢占市场制高点，那么企业必然也需要付出很大的代价，这就要求采用迎头定位策略的企业必须具备以下条件：企业要有较强的资金实力、良好的政府资源以及丰富的土地资源，这是与竞争对手进行较量的基础；企业要有优秀的市场营销团队，能够针对市场变化迅速发动进攻；企业的目标市场范围要大，如果市场过小，企业得到的利益将抵不过付出的代价，会陷入得不偿失的境地。

第四节　户外运动的营销策略分析

一、户外运动促销策略

（一）促销的内涵、分类及特点

促销是指营销者将有关企业及其产品信息通过各种方式传递给消费者，以激发消费者的购买欲望，影响其消费行为，最终达到扩大销售目的的活动。户外运动促销就是基于此开展的，即户外运动装备生产者或户外运动服务提供者与消费者之间进行的有关产品或服务的传递与沟通活动。户外运动企业要想进行促销活动，首先要了解消费者的购买行为。

户外运动常用的促销方式主要有广告、人员促销和公共关系，下面将对它们的特点进行具体介绍，如表 6-3 所示。

表 6-3　促销方式的基本类型及其特点

促销方式	主要特点
广告	具有公众性；渗透力强；表现力强；非直接性
人员促销	沟通具有直接性；有利于培养感情；能立即收到反馈
公共关系	能够建立美好的企业形象；有利于与消费者建立和谐关系；争取长期市场

（二）广告

1. 广告的内涵

广告的英文为"advertising"，源自拉丁文"adventure"，该词具有"诱导""广而告之"之意，广告的定义也由此而来。广告是企业进行促销时常用的方式，一个成功的广告能够使原本无人知晓的企业或产品家喻户晓。

就营销而言，企业通过付费的形式，在传播媒体上用语言、文字、图画来向消费者介绍产品或服务，这种宣传方式就是广告。广告有四要素，分别为广告主、媒体、信息和广告费。一般户外运动产品广告分为户外运动实体产品广告和非户外运动实体产品广告。

2. 户外运动产品广告的功效

户外运动产品广告的功效主要体现在以下几个方面。

第一，传递信息，沟通供需。通过广告营销，企业生产的产品或提供的服务信息能够被传播给消费者，增强消费者对产品或服务的认知度。

第二，激发需求，促进销售。好的广告能够激发消费者的购物欲，从而促使其产生购买行为，最终使企业业务量进一步扩大。

第三，介绍产品，指导消费。如今人们的生活中到处都是广告，无论走到哪里都能见到广告的身影。户外运动广告向人们普及户外运动的相关信息，从而指导消费者的消费行为。

3．户外运动广告的媒体

（1）影响户外运动广告媒体选择的因素。广告必须要通过一定的媒体才能够向消费者传播信息。随着科学技术的发展，广告媒体的种类和形式愈加丰富，每种形式的广告媒体都具有不同的特点。户外运动企业在选择广告媒体时，需考虑以下几点因素。

第一，目标市场的特点。不同的产品有不同的受众，这些受众所接触的媒体也会存在差异。就户外运动爱好者而言，户外杂志或驴友论坛上的广告通常能够吸引他们的注意力。

第二，产品本身的种类和特点。企业在选择广告媒体时，还需要考虑自身产品或服务的特点。不同的媒体在展示、可信度、吸引力等方面均有不同的优势，具体如表 6-4 所示，户外运动企业可根据此表，再结合自身产品或服务的特性选择广告媒体。

表 6-4　广告媒体的类型及特点

媒体种类	覆盖面	可信度	反应程度	吸引力
广播	广	较好	好、快	较差
电视	广	好	好、快	好
报纸	广	好	好、快	一般
杂志	较窄	好	差、慢	好
网络	广	较好	较快	一般
户外	较窄	较差	较快	较好

第三，广告的目的和内容。不同的广告目的和内容也会适用于不同的广告媒体，一般来讲，实时性较强的促销广告适合选择报纸、电视、网络、广播媒体，而带有科普性质的、包含大量介绍内容的广告适合刊登在报纸或杂志上。

第四，成本。不同的广告媒体费用自然也不尽相同，户外运动企业在投放广告时，要关注千人成本，即媒体成本与广告接收者之间的相对关系。在比较千人成本的基础上，还要考虑该媒体的传播速度、观众记忆率、传播范围等因素。

（2）各类主要媒体的优缺点。人们常接触的主流广告媒体，主要有报纸、电视、杂志、网络等，它们具有不同的优缺点，具体如表6-5所示。

表6-5　各主要广告媒体优缺点比较

媒体	优点	缺点
网络	交互性强、相对成本低	作为新型媒体，有部分人还仍未接触
电视	感染力强、触及面广	成本高、干扰性大
广播	大众化宣传、成本低	直观性差
报纸、杂志	可信度高、权威性高、复制率高、保存期长	版面无保障
户外	灵活、费用低、竞争力小	缺乏创新
邮寄	灵活、人情味重、没有其他广告竞争	成本较高
电话	使用者多	成本不易控制
广告册	灵活性强	成本不易控制

4. 户外运动广告应遵循的原则

户外运动广告在设计时，除了要遵循广告设计的一般原则外，还必须遵循以下几点原则。

（1）明确清晰原则。户外运动广告设计的难点在于，其需要用简单的文字、图片或视频来向消费者传达户外运动服务的领域、水平、深度和质量。基于此，广告设计者需要发动自己的创意，利用图片、文字或符号来清晰明了地展现户外运动产品或服务的丰富信息。

（2）真实性原则。真实性原则是广告设计应遵循的基本原则。户外运动广告必须要具有真实性，对户外运动产品或服务的介绍不能夸大事实、脱离实际，只有实事求是地传递信息，才能得到消费者的信任。

（3）针对性原则。针对性原则是指不同的户外运动产品或服务有不同的受众、适宜的广告媒体，因此户外运动广告的设计要根据广告对象的特点、广告受众的特点以及传播媒体的特点来选择广告形式。

（4）综合性原则。综合性原则是指，户外运动企业在打算采用广告的形式进行促销时，需要综合考虑各种媒体渠道的优势和特点，在成本可控的基础上，尽可能多地将广告投放在各种媒体和渠道上，以加强产品或服务的促销效果。

（5）社会性原则。社会性原则是指，在进行户外运动广告设计时，广告的内容和创意要符合社会文化、思想道德的客观要求，要有利于消费者的身心健康，并能使其感受到生活情操的提升，最终营造出一种"身心和谐、人际和谐、人与自然和谐"的思想意识。

(三)人员推销

1. 人员推销的内涵及作用

人员推销是一种历史悠久的促销方式，经常被各种企业所用，在现代企业促销中占据相当重要的地位。人员推销的定义为，通过与消费者进行直接人际交流，用说服的方式直接向消费者推销产品或服务，户外运动的人员推销也是基于此展开的。

人员推销的作用主要体现在以下几点。

第一，推销产品或服务，引导消费者消费。通过人员推销，消费者从推销员口中了解了相关产品或服务的信息，并接受了该产品或服务，产生了购买行为，这就是人员推销引导消费者购物的体现。

第二，提供服务。推销员除了会向消费者推销产品外，还得会向其提供附加服务，如技术指导、产品使用说明、资金通融等。

第三，分配货源。当某产品的售卖出现了供不应求的情况时，推销员需要根据实际情况，将有限的货源在顾客间进行分配。推销员在顾客间分配货源时，要注意最大限度地协调商家与顾客的利益，使双方利益最大化，并且要与顾客保持良好的关系，促进产品长久销售。

第四，了解市场，反馈信息。推销员在向消费者推销产品或服务的同时，也能够从消费者处获得有关该产品或服务以及企业的反馈，收集企业或产品的改进意见，从而促使产品和企业向更好的方向发展。

第五，进行市场调研。推销员一般处于一线市场，并且会面对面与消费者打交道，因此其能够在一定程度上进行市场调研工作，感知消费者的潜在需求以及购买动机，然后推销员可以将相关信息传递给企业，帮助企业调整销售策略。

2. 人员推销队伍的建设

（1）推销人员应具备的素质。一个优秀的推销员应具备以下素质。

第一，机敏干练，能够应对突发情况，随机应变能力强。

第二，仪表好，态度端正，语言表达能力强。

第三，有进取心，积极向上。

第四，善于收集信息，并能根据自身专业敏感度分析信息，获取有用情报。

第五，拥有一定的推销技巧和销售专业知识。

第六，对企业有较高的忠诚度。

（2）推销方式的选择。针对不同的消费者，推销人员应选择不同的推销方式，具体如下所述。

第一，针对单个消费者。推销员应选用面对面或电话沟通的方式来进行推销。

第二，针对采购小组。推销员应选用面对面沟通的方式，向采购小组推销产品。

第三，针对买方技术人员。应由推销员与企业技术人员一起向买方的技术人员进行推销。

（3）推销队伍组织结构。推销队伍的组织结构主要有以下几种。

第一，区域型结构。由一个或几个推销员负责某一区域的销售工作，此推销组织结构适用于产品单一、市场相似度高的企业。

第二，产品型结构。根据产品的品种来分配推销员，此推销结构适用于产品线多、市场差异大的企业。

第三，用户型结构。根据用户来分配推销人员，此推销结构适用于用户差异大的企业。

（4）推销人员推销的步骤。推销人员在进行推销时，通常会参照"程序化推销理论"来进行推销。根据程序化推销理论，推销人员的推销步骤为发掘→准备→接近→介绍→说服→成交。

（四）公共关系

1. 公共关系的内涵及特征

公共关系就是我们经常所说的公关，其定义为，某企业为改善自身与社会公众的关系、获得公众信赖、提升知名度、树立良好企业形象和建立良好社会关系而进行的一系列促销活动。户外运动促销中的公共关系维护也是基于此展开的。

公共关系强调和谐的人事环境、良好的社会舆论，企业通过公共关系处理能够赢得社会的信赖，树立良好形象。具体而言，公共关系主要具有以下几点特征。

第一，双向性。公共关系是一种双向沟通的过程，其不单是企业向社会传输信息、宣传自己，对公众舆论进行监督和管理，还是为了获取公众对自己的评价，及时倾听消费者的声音，以此来改善自身的不足之处。因此公共关系具有双向性。

第二，广泛性。公共关系的广泛性主要有两层含义：其一，公共关系无处不在，贯穿于企业主体整个生存和发展过程中；其二，公众具有广泛性，公共关系的对象可以是任何个人、群体和组织。

第三，整体性。企业公共关系的维护重点在于让社会公众能够全面地了解自己，从而树立良好的企业形象，获得相应的知名度。企业从整体形象角度出发来向公众宣传自己，从而使公众对自身有整体的认识。

第四，长期性。公共关系的维护不是一蹴而就的，企业不能抱有只有在危机出现时，才使用紧急公关来"救火"的思想，而应该将公共关系的维护当作企业经营的日常。因此，公共关系维护是一项长期的工作，具有长期性。

2. 公共关系的目标

公共关系维护的最终目标是帮助企业获得较高的知名度，与公众建立和谐的人际关系，从而使公众信赖企业生产的产品或提供的服务，进而促进企业营销活动的开展。具体来讲，一个企业要确定公共关系的具体目标，需要先评估自身的形象和当前的公共关系状况，并调查公众对自身的满意程度，具体可采用公众综合评估法、民意测验法、语义差别分析法、公共关系市场调查法、文献研究法和会议座谈法等。

确定公共关系目标的步骤共有八步：第一步，确定调查目标；第二步，明确调查对象；第三步，拟定问卷；第四步，确定访问方式；第五步，进行抽样；第六步，进行访问；第七步，整理资料数据；第八步，撰写调查报告。

3. 制订公共关系计划的基本环节

制订公共关系计划主要包含五个基本环节，具体内容如下。

（1）明确目标。确立目标是制订公共关系计划的第一步，也是至关重要的一步。目标的确立可以明确公关活动所要达到的效果，以及为了达到这种效果需要付出多大的努力。公共关系计划目标要具体，并且要可操作和可实现。

（2）选择传播媒体和公关对象。科学技术的发展使得传播媒介越来越多，不同的传播媒介有不同的传播效果，并且针对的人群也不尽相同，因此企业要综合考虑实际情况来选择传播媒体。企业的公关对象主要是消费者，但舆论界、相关单位、竞争者和企业员工其实也属于公关对象，企业在进行公关活动前，要对公关对象进行明确。

（3）制定策略。公共关系策略丰富多样，针对不同的公关目标、公关对象，企业应采取不同的公关策略。一般常见的公关策略有交际型公关策略、征询型公关策略、宣传型公关策略、社会型公关策略以及服务型公关策略。

（4）编制预算。为了在有限的成本内达到最好的公关效果，在制订公共关系计划前需要进行科学的编制预算。在进行公关编制预算时，企业要明确自己能承担的公关费用，以及其能够达到的效果，然后根据实际情况确定最终预算。

（5）起草书面报告。对于一些重大公关项目，在正式实施前，应撰写书面报告。书面报告的内容包含项目概况、正文和结语三部分，其中项目概况主要包括进行此公关项目的原因；正文包括公关活动计划的目标、具体安排、预算、问题分析等内容；结语包括具体的建议、要求等内容。书面报告的语言要精练，表达要准确。

二、户外运动市场竞争策略

（一）户外运动市场竞争分析

对市场竞争的分析，首先需要明确两种模型，即 SWOT 分析模型和五力模型。

1. SWOT 分析模型

SWOT 即 strengths（优势）、weaknesses（劣势）、opportunities（机会）、threats（威胁）这四个英文单词的首字母缩写。SWOT 分析可以被用来分析市场外部机会与威胁，其主要分为两个步骤：第一步，管理者仔细评估公司内部优势和劣势以及外部环境的机会与威胁；第二步，管理者使用第一步的评估结果将公司置于 SWOT 矩阵的四象限中，具体如图 6-1 所示。

如图 6-1 所示，如果一个企业内部优势很多，并且外部环境机会也较多，其就处于第一象限，能够得到良好发展；如果一个企业内部劣势较多，但外部环境机会较多，其就会处于第二象限，其应采取的主要竞争战略就是战胜劣势；如果一个企业不仅内部劣势较多，并且还遭到了外部环境的威胁，其就要考虑重组；如果一个企业内部优势较多但遭到了外部环境的威胁，其就要考虑多元化发展。

图 6-1　SWOT 分析模型

　　企业使用 SWOT 模型进行分析非常方便，但也缺乏一定的客观性。同一个企业的不同管理者对企业沿 SWOT 维度分析可能持有不同的意见，因此他们较难产生明确的结论，或者会得出存在很多矛盾的战略，对企业发展造成一定的影响。

　　就外部环境而言，随着社会的进步和科技的发展，一些人力被机器替代，因此人们的闲暇时间越来越多，与此同时，生活在都市中的人们每天面对钢筋水泥，迫切需要到大自然中放松身心，户外运动，越来越受欢迎。基于此，一些户外运动企业管理者认为户外运动的外部环境充满机会，但由于一些户外运动是在人迹罕至的地区才能开展，如攀岩、徒步穿越、潜水等，一些户外运动企业就认为户外运动的外部环境充满威胁。其实无论哪种分析都是有道理的，企业需要结合内部优势和劣势同时进行分析。

　　2. 五力模型

　　五力模型是由哈佛商学院的教授迈克尔·波特（Michael E.Porter）创立的，其为行业分析提供了新思路，具体如图 6-2 所示。

　　如图 6-2 所示，五力模型的逻辑非常清晰和直接，无论哪种力的强度增加，市场环境都会变得更加不友好，整体收益率会下降。五力模型中力的作用主要表现在以下几方面。

　　（1）竞争。在同一行业，公司间的竞争越大，那么整个行业的平均收益率就会越低，这主要是由于激烈的竞争往往会提高成本或者压低价格。而引起激烈竞争的原因主要有三点：第一，行业中公司数量较多；第二，总体行业销售量增长较慢或下滑；第三，整个行业的产能过剩。

　　就户外运动而言，其也存在行业产能过剩的情况。户外运动对自然条件的依赖性较强，我国地缘辽阔，沙滩、大海、草原、森林、荒漠、高山等自然条件应有尽有，只要有自然条件，就能够找到对应的户外运动。但目前我国从事户外运动的企业并不算多，因此整个行业的竞争性不算太强。

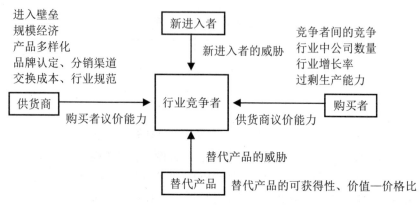

图 6-2 五力模型

（2）新进入者的威胁。如果一个行业能够让新手都很轻易地进入，那么这个行业的竞争性就非常强，并且平均收益率较低。因此，通常已经处于某一行业的公司会通过各种途径来建立行业壁垒，从而提高进入该行业的门槛。目前，常用的提高某行业进入门槛的方式主要有以下四种：成本壁垒；现有公司享有的销售优势；政府管制；行业进入壁垒。

就户外运动而言，成本壁垒、现有公司享有的销售优势以及行业进入壁垒均不具备，因此只能通过政府管制的方式来提高行业进入门槛。户外运动通常都是一些具有一定危险性的运动，政府可通过对户外运动的开展实施严格专业的管理，如要求相关从业人员必须有经营许可证才可从事该行业的经营，这样就能在一定程度上提高该行业进入门槛。

（3）替代产品的威胁。如果某个行业中的产品或服务能够被轻易地替代，那么该行业的平均收益率就会较低。就户外运动而言，其带给人们的身心放松和运动体验，能够轻易被其他运动项目、旅游、远足等活动替代，因此其受到替代产品的威胁。基于此，户外运动企业要抓住户外运动既能运动，又能到大自然中去的特点，将这个优势放大，才能较好地抵御替代产品的威胁。

（4）供货商议价能力。影响供货商议价能力的因素主要有两点：第一，若供货商少，购买者多，那么供货商的议价能力就较强；第二，若供货商拥有某类产品的专利技术，那么其议价能力通常也较强。就户外运动而言，其对装备的要求通常较高，相关供货商较为集中，产能也较大，而户外运动企业规模较小，购买力较弱，并且不能轻易地更换供货商，因此户外运动装备供货商的议价能力较强。

（5）购买者议价能力。影响购买者议价能力的因素主要也有两点：第一，购买者拥有较强的议价能力；第二，购买者相对集中，数量庞大，则也能拥有较强的议价能力。就户外运动而言，户外运动产品或服务的购买者主要有两类：一类是户外运动爱好者，通常对价格不敏感；另一类是企事业单位，对价格也不太敏感。因此，户外运动购买者的议价能力是相对较弱的。

（二）户外运动市场竞争策略研究

1. 以市场结构为中心的市场竞争策略

以市场结构为中心的市场竞争策略重点要放在外部，主要有价格、进入壁垒、隔离机制三大因素。从不同的角度出发，可采取不同的竞争战略。

总的来说，户外运动企业在制定以市场结构为中心的竞争策略时，都要将进入壁垒纳入考量范围，具体可采取以下几种策略。

第一，已进入者已经投入资金、新进入者还没有投入，此时可采用沉没成本策略来形成进入壁垒。

第二，已进入者拥有较高的产业规模，并且拥有产品专利，其生产或服务环境优越，且拥有政府补贴，此时可采用生产性障碍来形成进入壁垒。

第三，已进入者与供应商以及顾客建立了长期合作关系，并且合作非常愉快，此时可采用品牌策略来形成进入壁垒。

第四，该行业的销售渠道较少，并且难以开辟新的销售渠道，此时可采用分销渠道限制策略来形成进入壁垒。

第五，新进入者由于对新市场的需求和经营成本不清楚，已进入者可采用限制性定价来形成进入壁垒。

第六，已进入者已经形成强势品牌，并且进行了多元化经营，可采用掠夺性定价来形成进入壁垒。

第七，行业边际成本较低，产品进入市场就会导致价格下跌，此时应采用拥有超额生产能力策略来形成进入壁垒。

2. 以企业素质为中心的市场竞争策略

以企业素质为中心的市场竞争战略强调关注企业内部经营环境，这是因为，外部环境的变化是不可控的，过分关注外部环境极有可能会导致政策的波动和战略的不连贯性。

普拉哈拉德和哈默尔通过对世界 500 强企业中的部分企业进行调研发现，企业的竞争优势来源于企业的核心竞争力。企业的核心竞争力主要包含三个层次的内容：第一，组织中的积累性学识；第二，关于工作的组织和价值传递；第三，交流、介入和跨越组织边界的深入工作。

因此，户外运动企业想要提高自身的市场竞争力，在充分考虑外部环境的基础上，也要关注企业自身的素质，着力提高自身的核心竞争力，从而在户外运动市场中立于不败之地，获得长久发展。

3. 培育和发展核心竞争力的策略

企业的核心竞争力就是企业的能力，其主要表现为企业能够不断开发新产品和开拓市场，这决定了企业经营范围的深度和广度。有形的人力物质资源和无形的规则资源是促进企业发展的根本要素，但这两者也仅仅是载体，真正让企业具有价值的是企业通过一系列活动表现出来的能力。因此，企业要不断提高自身的活动能力、行动反应能力，创建学习型组织，从而不断增加自身的专有性资产和积累性学识。

三、户外运动产品分销策略

产品需要通过一定的销售渠道来销售给客户，而随着市场的发展以及社会分工的细化，现代企业已经很少采用直接销售给终端客户的方式来销售产品，户外运动企业也是如此，因此分销应运而生。

（一）分销渠道的特征及类型

分销渠道是指在把产品或服务从生产者转移到消费者的过程中，拥有该产品或服务的所有权或帮助所有权进行转移的组织或个人，其中组织和个人就是分销渠道成员。具体来讲，分销渠道主要有两层，第一层为取得产品或服务所有权的中间商；第二层为帮助产品或服务所有权进行转移的代理中间商。除此之外，如金融机构、仓库、保险机构、运输机构、广告代理商也属于分销渠道系统，它们为辅助机构。户外运动产品的中间商，通常也被叫作经销商，主要包含批发商和零售商。

1. 分销渠道的特征

大部分情况下，户外运动产品或服务的转移主要是通过中间商来实现的，因此分销渠道也可被理解为一种市场营销活动，其主要具有以下几点特征。

第一，分销渠道是一个系统，其包含了参与产品或服务交易过程中的各类人员、组织或中间商。

第二，分销渠道搭建了生产者与消费者之间进行交易的桥梁，正是因为有中间商的活动，生产者生产出来的产品或服务才能更好地进入消费领域。

第三，产品或服务从生产者向消费者转移时，至少要转移一次所有权。

2. 分销渠道的类型

分销渠道根据不同的分类标准，可被分为不同的类型。

（1）直接渠道与间接渠道。直接渠道是指企业采用产销合一的经营方式，将生产出来的产品直接销售给消费者，没有中间商，如户外运动赛事直接向观众售票等。间接渠道是指产品从生产者流向消费者的过程中，要经过一层或多层中间环节，如户外运动企业通过网络、电视等渠道向消费者销售产品。

（2）宽渠道与窄渠道。宽渠道与窄渠道都属于分销渠道中的间接渠道。其中，宽渠道是指产品从生产领域到消费领域，有两个以上的中间商参与产品的销售；窄渠道是指产品从生产领域到消费领域，只有一个中间商进行销售。窄渠道销售只有独家分销一种销售策略，而宽渠道有选择性分销和密集型分销两种销售策略。

（3）短渠道与长渠道。短渠道是指在产品分销过程中，只经过一个环节；长渠道是指在产品分销过程中，需要经过两个以上的环节。短渠道的销售过程为，生产企业→中间商→消费者；长渠道的销售过程为，生产企业→代理商或批发商→零售商→消费者。

（二）户外运动产品分销渠道的设计与管理

不同的分销渠道销售同样的产品可能会有不同的价格，这主要是因为他们彼此之间的效率有所不同。户外运动产品或服务生产者若想获得最大收益，就要对分销渠道进行设计和管理。

1. 分销渠道系统的形式

（1）垂直营销系统。垂直营销系统是指由生产者、批发商和零售商所组成的统一的联合体，他们彼此都拥有产权，或者形成一种契约关系，彼此能够对销售条件达成一致。这种营销系统极大地提高了整个销售系统的效率，缩减了成本，并且有利于控制渠道系统的活动。

垂直营销系统主要包括三种形式：①公司式垂直营销系统，即生产者、批发商和零售商同属于一个企业；②管理式垂直营销系统，即由规模大、实力强的企业牵头，将生产者、批发商和零售商整合在一起；③契约式垂直管理系统，即生产者、批发商和零售商分属于不同的企业，但他们通过契约来达成合作，以追求共同利益最大化。

（2）水平营销系统。水平营销系统是指由两个或两个以上的公司共同开发一个市场来进行营销活动。此系统能够发挥群体作用，分散风险，从而使每个公司都获得最佳效益。一些公司在刚进入某个市场时，由于缺乏经验、实力欠缺等弊端，需要找其他相关企业来进行优势互补，以降低入行失败的风险。这些公司的合作既可以是暂时性的，也可以是永久性的。

（3）多渠道营销系统。多渠道营销系统是指，企业既可以通过代理商、经销商来销售产品，也可以通过开设专卖店的方式来进行销售。多渠道营销系统能够针对不同的细分市场采用不同的分销方式，主要有两种形式：第一，生产商利用两条以上的竞争性分销渠道销售同一商标的产品；第二，生产商通过多条分销渠道销售不同商标的差异性产品。

2. 影响分销渠道设计的因素

企业在进行分销渠道设计时，应考虑以下几点因素。

（1）顾客特征。分销渠道的设计易受顾客特征的影响，此处所说的顾客特征主要是指顾客的分布密度、顾客所处的地理位置、顾客购买产品的数量和次数等。根据不同的顾客特征，生产商会采取如下策略。

第一，当顾客人数较多时，生产者通常会选择长渠道进行分销。

第二，当顾客较为集中时，生产者通常会选择直销。

第三，当顾客少量而频繁地订货时，生产者通常会依赖批发商来进行分销。

（2）产品特征。产品特征也是影响分销渠道设计的因素，产品的特征主要包括产品的价值、是否需要售后服务等。根据不同的产品特征，生产商会采取如下策略。

第一，易腐烂变质的产品通常会采用直销的方式进行销售。

第二，非标准化产品通常会采用推销员直接推销的方式进行销售。

第三，单位价值高的产品通常会通过企业推销人员来销售。

（3）竞争特征。竞争特征是指生产者在设计分销渠道时，会将竞争对手采用的销售渠道考虑在内。通常，生产者更倾向于与竞争者采用相同或相似的经销方式，从而与其进行竞争。

（4）环境特征。市场大环境也会对生产者的分销渠道设计产生影响，当市场大环境较差时，为了降低产品价格吸引顾客购买，生产者通常会采用较短的销售渠道，以减少不必要的成本付出。

（5）企业特征。企业特征主要是指公司规模、公司财务状况、产品组合等。一个公司的规模大小决定了其市场规模的大小，以及其所需要的中间商的多少；公司的财务状况决定了分销渠道的长短；产品组合的宽度和深度则决定了企业直接与顾客进行接触的能力。

3．分销渠道的选择

企业在设计分销渠道的时候，要考虑到企业的未来发展，尽量设计一种能够满足企业长期发展的分销渠道。具体来讲，企业应考虑以下三个方面的因素。

第一，分销渠道的经济性，即每种渠道设计方案的成本与效益之比。

第二，分销渠道的控制性，即代理商要对销售渠道进行有效的控制，以实现企业利润最大化。

第三，分销渠道的适应性，即产品作为消费者的所需品，能否被消费者选择。

4．分销渠道的管理策略

企业在确定分销渠道后，还需要对中间商进行管理，具体可采用以下管理策略。

第一，合理选择渠道成员。企业在选择中间商时，要充分了解其经营年限、经营的产品种类、盈利能力、偿付能力、合作态度等方面的信息，在深思熟虑后确定中间商，与此同时，在选择代理商时也要慎重，要将其与中间商进行区分。

第二，合理激励渠道成员。为了使中间商、代理商或经销商更加努力地进行营销活动，企业应采取一定的激励策略来促进合作的深入开展，正面激励和反面制裁应同时采用。

第三，合理评价渠道成员。企业应定期对渠道成员进行合理的评价，如对其销售额的完成情况、存货情况、对商品的售后处理情况等进行考察，对表现较好和较差的渠道成员分别采取激励和制裁的措施。

四、户外运动产品价格策略

价格策略是促销策略中一项非常重要的策略，也是市场营销活动的重要组成部分。

(一)户外运动产品定价的目标

1. 户外运动产品和服务的定价依据

无论是产品还是服务依据何种标准来制定价格，都必须围绕产品和服务本身的价值展开，不能过分低于或高于产品或服务本身的价值，户外运动产品和服务也是如此。产品和服务围绕其本身的价值上下波动，具有以下内涵。

第一，产品和服务价格的波动主要是由供求关系引起的，价格与供需关系之间存在着相互制约的关系。

第二，产品和服务价值决定了其价格，价格围绕价值上下波动。

第三,户外运动产品价值=户外运动产品的预期利益/户外运动产品价格。

2. 户外运动产品和服务的定价目标

户外运动产品和服务的定价要慎之又慎，企业在实际定价前要广泛收集相关资料，了解竞品的定价，并制定一定的定价目标来确定自身产品和服务的价格。具体来讲，户外运动产品和服务的定价主要有以下目标。

（1）利润目标。利润目标主要包含两个层面的内容，既要以追求最大利益为目标，还要以获取适当利润为目标。以追求最大利益为目标是指产品和服务的定价要能使企业在一定时期内获取最高利润。追求最大利益有短期和长期之分，一个有远见的企业一般会制定长期利润最大化价格目标。以获取适当利润为目标是指，企业在确定产品和服务的价格时，要在补偿社会平均成本的基础上，在商品的价格上适当增加一定的利润额，以获取适当利润。获取适当利润的价格目标也是为了促使企业能够获得长期的利润，还能避免不必要的价格竞争，减少风险。

（2）销售额目标。销售额目标是指产品和服务的价格要在保证一定利润的基础上，确保产品和服务销售额的最大化。在一些节日或庆典中，商家经常会进行促销活动,降低价格或打折销售产品，从而吸引消费者购买。这种采用高调形式、形成轰动效应的定价方式，能够最大限度地促进销售额目标的完成。

（3）市场占有率目标。市场占有率目标是指企业的销售额占整个行业销售额的百分比，市场占有率决定了企业对市场的控制能力，市场占有率高的企业能够在一定程度上形成垄断，从而为自身带来较高的利润。

市场占有率目标主要包含两个层次，第一为保持市场占有率，第二为扩大市场占有率。保持市场占有率的定价目标具体做法为根据竞争对手的价格水平来调整价格；扩大市场占有率可依据定价由低到高或由高到低的策略来进行定价。

（二）影响户外运动产品定价的因素

影响户外运动产品定价的因素有内外之分，内部因素主要包括产品成本、组织目标、营销组合的变量等；外部因素主要包括市场竞争、市场需求、经济等。

1. 内部因素

（1）产品成本。产品成本可分为固定成本和可变成本两种，具体公式如下：

$$TC=FC+VC$$

其中，TC 为总成本，FC 为固定成本，VC 为可变成本。

通常而言，产品的成本越高，其定价就会越高，这是因为，若定价低于成本企业就会亏损，更不用说通过售卖产品来获得一定的利润了。

（2）组织目标。户外运动的组织目标是完成企业使命和组织宗旨的载体，其能够促使组织努力达到一种良好的未来状态，为组织开展活动提供动力。组织目标决定了企业未来的发展方向，因此其对户外运动产品价格的制定也会造成一定的影响。一般而言，组织目标主要有四种，分别为收益、销售量、社会影响和竞争。

（3）营销组合的变量。营销组合是指将企业可控的基本营销措施组成一个整体。企业进行市场营销，目的是满足消费者的各项需求，同时促进自家产品的销售。消费者的需求是多样的，为了尽可能多地满足消费者的需求，企业在开展营销活动时，就要将各类营销形式进行合理组合，从而发挥整体的优势。营销组合的变量包括广告、公关、促销和分销等，在制定价格时，也要将这些变量考虑在内。

2. 外部因素

（1）市场竞争。市场竞争是影响产品定价的重要外部因素，企业需时刻关注市场动向、竞争对手的价格策略，从而制定既能和竞争对手抗衡，又能促进自身发展的价格策略。市场竞争有四大类型，分别为完全竞争、垄断竞争、寡头竞争和完全垄断，不同市场竞争类型的区别，具体如表 6-6 所示。

表 6-6　市场竞争结构类型对比

市场竞争类型	厂商数目	产品差别程度	个别厂商控制价格程度	厂商进入产业难易程度	现实中接近的行业
完全竞争	多	无差别	无法控制	容易	农业
垄断竞争	多	差别较小	有一些	较容易	零售业
寡头竞争	少	有或是没有差别	程度较强	有限	汽车制造业
完全垄断	一个	唯一产品，无替代品	程度强，但受政府管制	不能	公共事业

（2）市场需求。市场需求是指在一定价格下消费者愿意购买某种产品的数量。就户外运动而言，消费者对户外运动产品的需求是确定户外运动产品价格的关键外部因素。在制定户外运动产品价格前，首先要对该产品的需求进行估算。不同的因素对产品需求也造成不同的影响，具体如表 6-7 所示。

表 6-7　不同因素对产品需求的影响

影响消费者需求的因素	对需求的影响
消费者的喜好	影响消费者选择价值相同或接近的产品
消费者的个人收入	收入变动与需求变动同步，但对于劣质商品来说，需求会随消费者收入的增加而下降
产品价格	产品自身价格与消费者需求呈反方向变化
替代品价格	产品替代品价格与消费者需求呈同方向变化
互补品价格	产品互补品价格与消费者需求呈反方向变化

（3）经济。经济对产品的定价也有较大的影响。在经济衰退时期或通货膨胀时期，消费者的购买力会下降，这是因为在这一时期，人们对经济发展普遍担忧，削减消费成为他们的必然选择。因此，企业要密切关注经济发展动向，并据此调整自身产品的价格。

（三）户外运动产品定价的方法

1. 成本导向定价法

成本导向定价法是指产品的价格制定主要以其单位成本为依据，还要将预期利润纳入考量范围的定价方法。成本导向定价法主要有两种具体的方法，分别为成本加成定价法和目标收益定价法。其中，成本加成定价法的公式为：

$$单位产品价格=单位产品总成本×（1+目标利润率）$$
目标收益定价法的公式为：
$$损益点=固定成本/（价格-单位可变成本）$$

2. 竞争导向定价法

竞争导向定价法是指企业在充分调研竞争对手的价格水平、生产状况、服务状况等情况后，再依据自身的竞争实力，同时考虑产品成本和市场供求状况来确定自身产品价格的方法。

竞争导向定价法主要有两种具体的方法，分别为随行就市定价法和产品差别定价法。随行就市定价法在不同的竞争环境中也有不同的做法，例如，在完全竞争环境中，企业要通过市场价值规律来确定统一的价格水平；在垄断竞争环境中，一般是由几个企业先定价，其他企业参考定价。产品差别定价法是指对于同类或同样的产品，企业要通过不同的营销手段选择高于或低于竞争对手的价格，使产品在消费者心中树立不同的形象。

3. 市场导向定价法

市场导向定价法是指企业根据市场需求和消费者对产品的感觉差异来制定价格的方法。市场导向定价法的特点为，产品的价格与成本不存在直接的联系，只会随着市场需求的变化而变化。

市场导向定价法主要有三种具体的定价方法，分别为理解价值定价法、需求差异定价法和逆向定价法。其中，理解价值定价法是指，将消费者对产品价值的理解度作为定价的基础；需求差异定价法是指，将消费者需求作为定价的基础；逆向定价法是指，根据消费者能够接受的销售价格，逆向推算出出厂价的定价方法。

（四）户外运动产品的定价策略

1. 户外运动新产品的定价策略

通常，新产品的定价是比较困难的，生产者无法完全了解消费者对新产品的理解和接受程度。因此，对于户外运动新产品的定价，通常会采用以下两种定价方式。

（1）渗透定价。渗透定价是指使新产品的定价低于竞品定价。这种定价方式能够刺激价格敏感型消费者尝试新产品，从而增加新产品的市场需求量。渗透定价法的使用需要有以下前提：新产品的需求价格弹性较大；新产品存在规模效应；新产品的需求量较大。

（2）撇脂定价。撇脂定价是指使新产品的定价高于竞品定价。这种定价方式能够让企业在产品市场周期的初始阶段就获得较大的利润，在短期内收回成本后即可采用低价策略进一步打开市场。

2．心理定价策略

心理定价策略是指根据消费者对产品的心理感受来确定产品价格的定价方式。企业采用心理定价策略一定要对消费者的心理进行全面调研和深入了解，从而准确掌握消费者的心理。一般而言，心理定价策略适用于零售行业，具体的定价方法有声望定价、整数定价、习惯定价、尾数定价和比较定价等。

参考文献

[1] 程君杰. 户外运动与拓展训练研究[M]. 长春：吉林大学出版社，2018.

[2] 丁霞. 大学生体育锻炼与户外运动[M]. 长春：吉林人民出版社，2020.

[3] 董范，刘华荣，国伟. 户外运动组织与管理[M]. 武汉：中国地质大学出版社，2009.

[4] 董范. 户外运动学[M]. 武汉：中国地质大学出版社，2014.

[5] 陈林祥. 体育市场营销[M]. 北京：人民体育出版社，2010.

[6] 何志强，曹厚文. 户外运动[M]. 大连：大连理工大学出版社，2015.

[7] 胡炬波. 户外运动与拓展训练[M]. 杭州：浙江大学出版社，2017.

[8] 李纲，张斌彬，王晶. 户外运动技巧[M]. 青岛：中国海洋大学出版社，2019.

[9] 李金芬. 户外运动安全管理研究[M]. 北京：中国原子能出版社，2011.

[10] 李相如. 户外运动休闲研究报告[M]. 北京：金盾出版社，2016.

[11] 刘朝明. 山地户外运动产业发展研究[M]. 成都：电子科技大学出版社，2019.

[12] 刘华荣，董范，邹占. 户外运动营销：理论、案例与实务[M]. 武汉：中国地质大学出版社，2013.

[13] 王莉，胡贝贝. 户外运动研究问题透视与展望[J]. 体育科学研究，2018，22（2）：54-59.

[14] 刘华荣，秦长胜，刘转青，等. 户外运动组织与管理（第二版）[M]. 武汉：中国地质大学出版社，2020.

[15] 刘文涛，刘亚. 户外运动[M]. 北京：北京体育大学出版社，2016.

[16] 罗祥凯. 户外运动[M]. 北京：现代教育出版社，2018.

[17] 吕强国，邓军文，李金. 户外运动体系分析与探究[M]. 北京：中国原子能出版社，2012.

[18] 莫双瑗，莫双溪，谢宛妍. 户外运动的教育价值及实践路径研究[M]. 北京：中国商业出版社，2018.

[19] 王桂忠，邱世亮，范锦勤. 野外生存教育教程[M]. 广州：暨南大学出版社，2009.

[20] 钱永健. 拓展训练[M]. 北京：企业管理出版社，2006.

[21] 王来东，齐春燕. 户外运动与拓展训练理论与方法[M]. 北京：中国书籍出版社，2021.

[22] 王小源. 户外运动用品与装备手册[M]. 北京：中国水利水电出版社，2005.

[23] 张斌彬，李纲，李晓雷. 户外运动与户外安全防护研究[M]. 北京：应急管理出版社，2019.

[24] 赵承磊. 新时代我国户外运动产业发展现状，问题与对策[J]. 北京体育大学学报，2020，43（8）：32-40.

[25] 张锦祥. 营利性户外运动组织过程风险管理研究[J]. 文体用品与科技，2021（6）：146-147.

[26] 邓鲁萍. 户外运动训练在高校体育教学中的实施探讨[J]. 体育风尚，2021（10）：173-174.

[27] 柏宁. 山地户外运动产业发展对策分析[J]. 淮南师范学院学报，2021，23（3）：41-45.

[28] 彭召方，刘鸿优，国伟，等. 我国山地户外运动风险评估指标体系与预警系统的构建[J]. 体育学刊，2018，25（1）：68-73.